中青年经济与管理学者文库

河北地质大学会计学国家级一流本科专业建设点资助

管理者特质、负债融资与企业价值研究

王楠　著

中国财经出版传媒集团
中国财政经济出版社

图书在版编目（CIP）数据

管理者特质、负债融资与企业价值研究 / 王楠著. -- 北京：中国财政经济出版社，2022.9
（中青年经济与管理学者文库）
ISBN 978 - 7 - 5223 - 1592 - 8

Ⅰ. ①管…　Ⅱ. ①王…　Ⅲ. ①房地产业 - 上市公司 - 债务管理 - 关系 - 房地产企业 - 价值论 - 研究 - 中国②房地产业 - 上市公司 - 融资 - 关系 - 房地产企业 - 价值论 - 研究 - 中国　Ⅳ. ①F299.233

中国版本图书馆 CIP 数据核字（2022）第 127213 号

责任编辑：武志庆　　　　责任印制：党　辉
封面设计：智点创意　　　　责任校对：徐艳丽

管理者特质、负债融资与企业价值研究
GUANLIZHE TEZHI FUZHAI RONGZI YU QIYE JIAZHI YANJIU

中国财政经济出版社 出版
URL：http：//www.cfeph.cn
E - mail：cfeph@cfeph.cn

社址：北京市海淀区阜成路甲 28 号　邮政编码：100142
营销中心电话：010 - 88191522
天猫网店：中国财政经济出版社旗舰店
网址：https：//zgczjjcbs.tmall.com
北京财经印刷厂印刷　各地新华书店经销
成品尺寸：148mm×210mm　32 开　4.375 印张　125 000 字
2022 年 9 月第 1 版　2022 年 9 月北京第 1 次印刷
定价：20.00 元
ISBN 978 - 7 - 5223 - 1592 - 8
（图书出现印装问题，本社负责调换，电话：010 - 88190548）
本社质量投诉电话：010 - 88190744
打击盗版举报热线：010 - 88191661　QQ：2242791300

策划人语

题记：一个人的精神成长史，取决于他的阅读史。只有阅读能最有效地培养精神生活习惯，而好的习惯又培养性格，性格决定人生。

——我们自豪，因为我们就是创造这精神产品的人。

选择了飞翔，总能看到蓝天；选择了远航，总能感受大海。人生不仅要作出选择，也要坚持住自己的选择。学会计、当编辑是我的意外选择。人说编辑是为人作嫁，可是这一选择我坚持了30年，苦在其中，乐在其中，也算是有声有色。每当我把一本本好书呈献给人们的时候，我觉得我是“富贵”的人：富，不是你身上的钱财，而是你心里的满足；贵，不是你地位的显赫，而是你被人需要的程度。

书海探寻，情怀永恒

我要说，做编辑我幸运，因为我不仅是第一个读者，可以对作品“品头论足”，也可以对作品“生杀予夺”；更重要的是，这是一个有很高层次的平台，在多年与名家的交往和名著的“对话”中，深深地为他们的人格和才学所感动，被作品的精彩所吸引，这不仅使我“下笔如有神”，更使我的思想和灵魂也受到一次次洗礼和震撼，得到一次次升华。对于我的作者我的书，如数家珍，作者中不乏才学和为人同样过人的多位泰斗和“颜值高责任大”的众多才子佳人；策划的作品不仅立足专业还兼顾人文，也是情怀所在，专业加人文路才会更宽更远。

多年的体会是，作为一名编辑，起码要“三心二意”，即“责任心、细心、耐心”和“服务意识、创新意识”。要多策划一些拳头产品，用一个选题推动一个系统工程，用一个系统工程培养一个出版社品牌。给新入职编辑讲座时我做过一个比喻：编辑两项基本功，审稿——甚至要比博导审批学生论文还要全面、细致；选题策划——要像电影导演一样做“星探”，善于发现优秀作者和挖掘好的原创作品。记不清30年来我策划和编辑了多少书，组织和策划了大批教材、业务培训用书、通俗读物、理论专著等，有的获得过国家、省部级各类奖项，有的以其填补空白、社会热点、风格新颖、开拓尝试等特点受到读者的欢迎。正是：

一入书门情似海，
探寻经典职责在。
苦辣酸甜何其乐，
编辑人生也精彩。

想是问题，做是答案

众所周知，目前的图书出版业在行业竞争和纸质图书受到严重冲击的情况下，出版人无不感到莫大的危机。在这种背景下，我们还要积极应对，完善纸质图书的固有特质，拓宽纸媒的功能，挖掘出版内容和形式都精彩的原创作品，适应新形势下读者的更高需求。2017 年至今，在新的时代环境下不断出新，我又策划了多套系列丛书和单本图书，不乏名家著作、教材、学术专著和实务丛书等，继续为扶持学术研究和总结实践最新成果，在高端研究与专业知识普及和应用之间搭建一座座有益的桥梁。

每一个时代的经济环境不同，理论研究和实务探索所需要解决的问题也有所差别。当前我国处于新的历史时期，市场环境和组织模式不断演变发展、推陈出新，经济、管理、财税等领域的新理论、新思想、新方法、新工具也层出不穷。乱花渐欲迷人眼，击水三千浪几何？这些领域的研究人员被时代赋予了更艰巨的责任，也面临着更高、更多元的要求，我们不仅要具备更广阔的学术视野，而且要有更严谨的学术思维。

输在犹豫，赢在行动

《中青年经济与管理学者文库》的作者，都是我国经济与管理领域的中坚力量，也是未来的大家。他们中有些人潜心从事理论研究，有些人则深耕在实务一线，但无论现实身份如何，视野全都没有被拘泥在“象牙塔”内。他们从不同视角对市场经济的不同要素进行细致审视，然后汇聚于“财经版”这面旗帜之下，相互碰撞，彼此激荡，力求在市场经济转型升级的关键时期留下最新鲜的“中国印记”。

这些经济与管理领域的中青年学者，就是我国市场经济发展的潜力与优势，他们的研究成果，不仅将引领市场经济的各个组成环节向更科学、更先进的方向发展，而且将成为我国政府和企业在未来经济世界扮演更重要角色的支点与动力。祝愿这些中青年学者能攀上更高的学术之山，走向更远的研究之路，也期待宏观、中观、微观各个层面的市场参与者都能从这套文库中得到切实的启发与指引，在全面深化改革、增强发展活力的关键时期，发挥正能量和积极作用，为经济社会发展增添新的动力！——这也是我策划此套丛书的初衷。

作始也简，毕也必巨

2021年，是一个非凡之年，纵观世界风云，抗击疫情“风景这边独好”，“十四五”规划开局，我们喜迎建党百年。“其作始也简，其将毕也必巨。”从“开天辟地”“改天换地”到“翻天覆地”“惊天动地”，我们党经历了四个历史时期——救国大业、兴国大业、富国大业、强国大业，四件大事铸就了中国共产党百年辉煌。我们不禁感叹——风雨百年创辉煌，“天地”之间“有杆秤”。

2021年，还是一个纪念之年，出版社成立65周年和我从事编辑工作30周年。65年来，财经出版社始终坚持正确的舆论导向和鲜明的出版特色，努力为经济建设和财政工作服务，致力于为读者奉献经典作品，在中国财经出版传媒集团旗下发挥着更大的作用，取得更大的成就。作为一个有着20多年党龄的党员，我是生在新中国长在红旗下的幸运的一代，怀着对党无限的热爱和感恩，浓情做事、淡泊做人，用30年的情怀和坚守见证了出版业的转型，践行了编辑的天职，向党递交一份努力的答卷。

2017年策划出版《中青年经济与管理学者文库》至今已五年，得到了众多中青年学者的热烈响应与大力支持，文库诞生至今已囊括专著60余种，为中青年学者们提供了展示学术研究成果的平台，作者队伍不断壮大，作品陆续出版。如果您认可，如果您有意愿，欢迎您和您的朋友加盟我们的作者队伍！在中国财经出版传媒集团的“旗舰”下，中国财政经济出版社这“老字号”，一定励精图治，谱写新的篇章。敬请关注“龙媒玉制新书坊”微信公众号，我们用“龙的精神，玉的品质”来助力您实现梦想！

策划人：樊清玉

邮箱：qingyuf@ sina. com

2021年12月31日

2015年12月，中央经济工作会议首次提出了“去产能、去库存、去杠杆、降成本、补短板”政策，以此化解我国产能过剩、消除房地产库存积压等问题。但也对我国大量传统行业产生了冲击，尤其是房地产行业。房地产行业受融资渠道单一，资产负债率持续增加、“去库存”政策（处理房地产库存）以及房价下跌等因素影响，出现了不同程度的经营风险。在这一背景下，作为典型的资金密集型行业，负债融资和企业管理层的决策行为对房地产企业能否持续健康发展显得尤为重要，不仅关系到企业的经营绩效，还会对企业的未来价值产生深远的影响。

负债融资是房地产企业主要的融资方式，它通过影响企业总资本中债务资本和权益资本的比例，进而影响股东、管理者、债权人等利益相关者对企业的掌控水平，从而对企业价值产生影响。现有的关于负债融资与企业价值的研究成果颇丰，诸多学者基于委托—代理理论、契约理论、信息经济学和产权理论，提出了大量的研究成果。随着公司治理理论的发展，越来越多的学者更是开始从公司治理的视角探讨负债融资对企业价值的影响。然而上述研究都是建立在理性经济人以及管理者特质相同的假设前提下。但是行为金融学的研究表明，管理者并非完全理性的，其认知和行为方面的偏差会对企业决策产生不同的影响，高层梯队理论也指出，管理者背景特征的不同，会导致管理者思维方式、风险偏好以及技能和专业能力的不同，从而导致管理者信息搜集、认知和处理能力的偏差，进而引起企业决策和绩效的重大变化。综合来看，高管团队的性别、年龄、从业背景、专业、学历等特征都会对企业的负债融资产生一定程度的影响，进而影响企业的价值。

基于此，本书以高层梯队理论、资本结构理论和企业价值理论为研究基础，选择我国沪深两市房地产行业 2010—2019 年的 A 股上市公司数据作为研究样本，区分企业产权性质，从中国房地产行业上市公司管理者的年龄、受教育水平、任期和有无财务工作经历四个方面，对中国房地产上市公司管理者特质、负债融资和企业价值之间的关系进行了研究。对变量进行多元回归分析后，本书的主要研究结论如下：中国房地产行业上市公司负债融资对企业价值有负面的治理效应。与国有上市公司相比，非国有上市公司负债融资对企业价值的负面治理效应更强。中国房地产上市企业管理者年龄越大，学历越高，越不偏好使用负债融资，起到了规避风险的作用，显著降低了负债融资对企业价值的负面治理效应。有财务工作经历的管理者更偏好使用负债融资，但不能显著影响负债融资与企业价值的相关性。管理者任期对负债融资不存在影响，对负债融资与企业价值的相关性也不存在影响。这可能是由于我国房地产行业上市公司的管理者平均任期较短，管理任期的影响难以凸显出来。

最后，以理论分析及实证研究结果为基础，本书提出了以下政策建议：关注高管人员的经验优势；加强公司治理，健全管理机制；适度进行负债融资，创新金融工具。

王楠

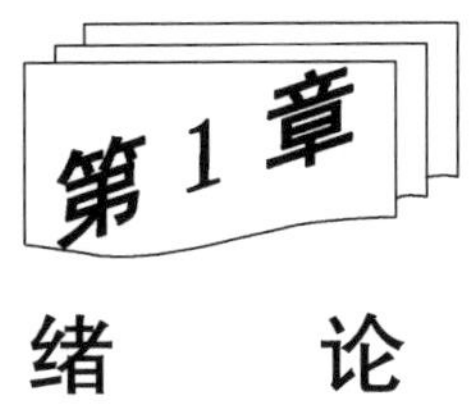

绪　　论

1.1　研究背景

自2008年华尔街次贷危机暴发以来，全球经济发展进入低谷。我国经济也受国际环境和国内不同来源的因素影响，由过去持续了十几年的、粗放式的高速增长模式逐步转变为以“调整经济结构稳定增长”为核心的经济“新常态”下可持续性发展的新模式。“新常态”是习近平总书记于2014年对中国经济当时和未来发展状态的最新阐释，即2008年以后，中国经济进入增长速度换挡期、结构调整阵痛期和刺激经济政策负作用的消化期三期叠加的状态。2015年12月，中央经济工作会议首次提出了“三去一降一补”，即“去产能、去库存、去杠杆、降成本、补短板”五点核心目标，以此化解我国产能过剩、消除房地产库存积压、降低企业杠杆风险、减少企业成本、改善基础设施落后等。其中“去库存”政策是针对房地产行业提出的，主要目的是解决三四线城市及部分二线城市的库存压力。但在政策的影响下，购房者很容易“加杠杆”购房，从而导致二线房价出现“非理性”上涨，而三四线城市房地产市场更加疲软。在过去的十几年里，房地产市场已经积累的泡沫还未消化，大量的房屋囤积在投机者手里。一旦市场预期发生变化，在恐慌心理的作用下，会出现大量抛售房屋的现象。从而又引起房价快速下跌，房价的下降会引起房地产企业股价的下降，如果控制不好，会导致房地产企业出现财务危机，严重影响企业价值。从经济结构层面看，新常态下通过优化产业结构、提升先进生产力、淘汰落后产能会为我国经济提供新的增长点，但也使房地产行业受到一定程度的冲击。随着国家对房地产市场宏观的调控越来越严，以及融资政策大幅收紧的影响，房地产企业的融资问题越来越突出。但是调控房地产市场，并不意味着逼迫房地产企业倒闭，而是促使房地产企业更加规范和良好地运转。因此，要想在国家宏观调控的大背景下不被市场淘汰，妥善解决融资问题，房地产企业就必须重视负债融资对企业的影响。

负债融资是指通过负债方式筹集各种债务资金的融资形式，具体方式主要有借款、商业信用、租赁和发行债券等。负债融资作为主要的融资方式，它决定了企业总资本中债务资本和权益资本的比例，进而对股东、管理者、债权人等利益相关者对企业的掌控水平造成影响。企业管理层通过该比例关系，可以了解公司资金中不同期限债务和不同权益的组成，并分析公司的风险敞口水平。一般而言，当企业通过调整不同资金来源比例使资本结构达到某一合理水平时，企业的资金成本会降低，以此提高企业的盈利能力，进而提升企业在资本市场中的企业价值。企业经营的终极目标是实现企业价值最大化，作为企业资本运动的起点，融资对企业的发展更是有着不容忽视的影响。负债融资比例是否合理，都能很清晰地透过企业价值的高低表现出来。在企业负债融资比例提高的同时，企业的风险敞口也在放大，其通过资本市场融资的成本也在增加，这将进一步影响企业的再融资能力和融资规模，并可能最终导致企业的日常营运活动和经营业绩受到影响，甚至出现财务危机。中国房地产行业是典型的资金密集型行业，由于周转周期长，一直是负债经营的典型，其资产负债率一直居高不下。国际上公认的资产负债比率为40%～60%，但中国房地产企业资产负债率近10年的均值已经达到65%，尤其从2015年开始逐年增加，截至2019年，房地产行业的资产负债率已经接近80%。中国房地产行业2010—2019年资产负债率变化见图1－1。房地产行业作为资金密集型行业，房地产项目对资金的占用与流转是房地产开发企业极为重要的方面，而房地产项目开发过程需要大量资金投入运作，所以负债融资对房地产企业尤其重要。负债融资又会受到管理者特质的影响，如管理者性别、年龄、从业背景、专业、学历等特征，都会对负债融资产生影响，进而影响企业价值。因此，在影响房地产价值的因素中，负债融资和公司管理者的决策行为是非常关键的因素。

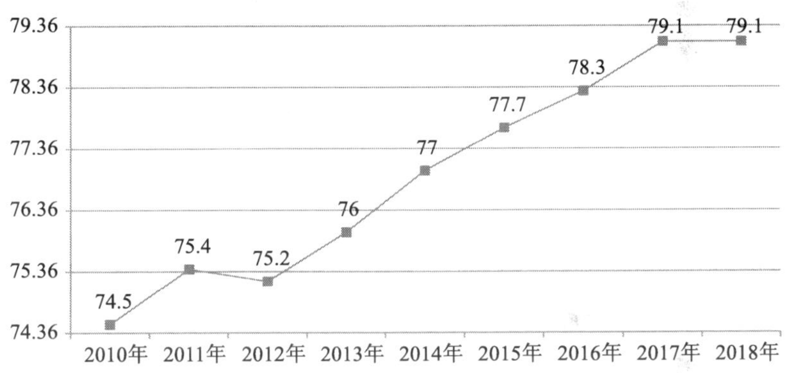

图1－1　2010—2018年中国房地产行业资产负债率

1.2　研究意义

1.2.1　理论意义

鉴于西方学者提出的负债融资的公司治理效应以及公司治理对企业发展的重要性，本书基于对资本结构理论的梳理，依据“高层梯队理论”，以我国沪深两市2010—2019年的A股上市房地产公司为研究样本，首先实证检验我国房地产上市公司负债融资对企业价值的影响，本书的研究结论将助于深入理解负债融资的作用机制和经济后果。同时，本书将管理者特质区分为管理者外在特质和管理者内在特质，并分别使用管理者年龄、受教育水平、任期和工作经历四个外在特质去衡量管理者内在特质，进而研究管理者特质对负债融资的影响，并考察管理者的不同特质是否会影响负债融资对企业价值的提升作用，将会拓宽高层梯队理论的研究范围，同时也拓宽了负债融资研究的视野，为这两方面的研究提供新的经验支撑。此外，本书会进一步区分产权性质，实证检验不同产权性质的企业，负债融资对企业价值产生的影响是不同的，在一定程度上会丰富我国特殊制度背景下的融资理论。

1.2.2 实践意义

研究管理者特质、负债融资与企业价值的关系有着极其深刻的意义，尤其当企业逐渐壮大，规模达到一定水平时，更会凸显出来。2019 年我国房地产金融政策从银行贷款、信托、外债等全方位收紧，受到融资政策大幅收紧的影响，房地产企业资金链普遍紧张，房企纷纷下调项目售价回收现金流，多家品牌房企爆出资金危机，房地产行业面临着日益严峻的生存压力，负债融资对企业价值的影响日益凸显，而负债融资又受到管理者特质的影响，所以对这三者关系进行研究具有一定的实践价值。之前针对房地产行业进行的相关研究较少，所以本书选择房地产行业为研究对象，可以为改善我国房地产行业上市公司的人力资源管理实践、完善我国房地产行业上市公司负债融资，进而促进企业价值最大化提供新的思路。具体来说：对于企业的股东、债权人等内外部利益相关者来说，他们可以通过了解企业管理者的不同特质，在一定程度上监督和预防企业的负债融资决策，改善公司治理，提高企业价值；对于企业而言，在选聘管理者时，可以充分考虑管理者的不同特质对负债融资决策进而对企业价值的影响，从而对实现企业价值最大化的终极目标具有重要的战略意义。

1.3 研究方法

本书采用的研究方法主要有文献归纳法、描述性研究法和实证分析法。

（1）文献归纳法：文献综述法是论文中常用的一种方法，其实现路径首先是根据研究方向全面搜集与研究主题相关的文献资料，再对搜集的全部资料阅读、整理、归纳和分析，最后根据自身写作的需要对一定时期内相关研究内容的所有研究成果和研究发展进行全面系统地归纳和述评的方法。文献综述法是全书的基础，也是后续研究的理论支撑。本书运用文献综述法，总结和回顾了资本结构理论、高层梯队理论、企业价值理论、国内外负债融资和企业价值关系的研究、管理者特质和对企业决策影响的研究进行总结，并对比国内外研究的异同，加以简单的述评，发现目前存在的不足之处，从而得出本书的研究核心，为进一步的实证研究提供理论基础。

（2）描述性研究法：为了分析我国房地产行业上市企业负债融资和企业价值的关系、管理者特质以及其对企业决策的影响，基于研究对象的财务报表数据和企业管理者的相关介绍，本书首先通过不同视角下对比样本企业的负债融资，以及管理者特质的相关信息，有助于了解资本结构的变化趋势和发现管理者特质基本情况，以此总结出潜在的规律，为房地产行业上市企业如何降低负债融资对企业价值的负面治理效应提供实际依据和补充。

（3）实证分析法：本书在分析负债融资和企业价值的关系、管理者特质对负债融资及企业价值产生的影响时，都是运用实证分析的方法，首先从国泰安数据库、万得数据库以及上市公司披露的年报中选取相关数据，再对变量进行描述性统计分析、Pearson 系数相关分析法、方差膨胀因子和多元回归分析去定量分析负债融资与企业价值的关系、管理者特质对负债融资及企业价值的影响，以验证本书提出的研究假设。同时，本书还在进一步深度考察区分产权性质后，探究负债融资对企业价值的影响的不同。在实证分析过程中，本书主要使用 STATA 15.0 和 Microsoft 2010 软件对相关数据进行了处理。

1.4 研究内容和研究思路框架

1.4.1 研究内容

本书的主要研究内容包括：中国房地产行业上市企业负债融资对企业价值的影响，管理者特质对负债融资的影响，以及管理者特质对负债融资及企业价值产生的影响。基于我国沪深两市房地产行业 2010—2019 年的 A 股上市公司数据，实证分析管理者年龄、受教育水平、任期、财务工作经历四个特质对企业负债融资决策的影响，进而探讨管理者特质的不同对负债融资决策与企业价值关系的影响，同时，本书还进一步区分产权性质，去探讨不同产权性质下负债融资对企业价值影响的不同。本书的研究内容安排如下：

第 1 章：绪论。本章从研究背景出发，依次分别提出本书的研究意义、研究方法、研究构成和技术路线图，最后对本书可能存在的创新之处进行总结。

第 2 章：理论基础和文献综述。本章主要系统地回顾资本结构理论、企业价值理论和高层梯队理论，包括净收益理论、净营业收益理论、传统理论、MM 理论、权衡理论、委托—代理理论、信号传递理论、啄序理论和控制权理论。本章重点对早期资本结构理论、经典资本结构理论和现代资本结构理论进行了梳理和比较。以净收益理论、净营业收益理论为代表的早期资本结构理论依赖于实践经验，没有完整的理论框架，因此逐渐为现代资本结构理论所取代。现代资本结构理论以理论的创立为标志，随着理论的发展税差学派和财务困境成本理论成为两个非常重要的分支。到了 20 世纪 70 年代末，以新优序融资理论、代理成本理论、啄序理论、控制权理论和信号理论为代表新资本结构理论成为研究的核心。同时，本章还重点回顾了负债融资与企业价值、管理者特质之间相关关系的文献，并进行了总结和分析，为下文提出负债融资对企业价值的影响、管理者特质对负债融资的影响，以及管理者特质对负债融资及企业价值的影响的研究假设奠定了理论基础。

第 3 章：中国房地产企业的资本结构及其特质性分析。首先，对我国房地产行业的基本状况进行了分析，发现我国房地产行业存在资产负债率持续增长；资金需求大，回收周期长；产业关联性大，先导性突出；流动性较差，地域性明显；与政府关系密切，易受宏观调控影响等特点。其次，本章对中国房地产企业目前的融资结构进行了研究，发现中国房地产企业外部融资渠道主要为银行贷款、房地产信托、资本市场融资以及债券融资。在对中国房地产企业的融资结构数据进行分析时不难发现，我国房地产企业资金来源中直接融资金额大幅上升，说明房地产企业发展迅速，规模不断壮大，经营效益良好。最后，中国房地产企业融资环境面临的金融风险进行了分析。

第 4 章：研究设计与研究模型。本部分基于第 2 章内容的基础上，对管理者概念进行界定，解释本书的数据来源和数据筛选标准，选择解释变量、被解释变量和控制变量，同时对这些指标进行定义和计算。本书以我国沪深 A 股市场 2010—2019 年上市的 122 家房地产企业为研究样本，建立检验负债融资对企业价值负面治理效应、管理者特质对负债融资的影响以及管理者特质对负债融资及企业价值产生影响的模型。本章是下文的基础。

第5章：实证检验。首先本章对所有选择的相关变量进行描述性统计和相关性检验。其次，进行多元回归分析，分别检验负债融资与企业价值的关系、管理者特质对负债融资及企业价值的影响，以验证本书提出的研究假设。再次，本书还在进一步深度考察区分产权性质后，探究负债融资对企业价值的影响的不同。最后，替换被解释变量进行稳健性检验。通过对比稳健性检验结果与实证分析结果是否一致，来验证中国房地产上市企业管理者特质对负债融资和企业价值影响的多元回归模型结论是否具有稳健性特征。

第6章：研究结论与对策建议。本章基于前文的理论分析和实证检验，总结研究结论，并给出相应的建议或展望。

1.4.2 研究思路框架（见图1-2）

1.5 研究的创新点

本书重点考察了我国房地产行业上市公司负债融资对企业价值的公司治理效应和不同管理者特质对企业负债融资决策的影响，并深入探讨了管理者特质的不同对负债融资决策与企业价值关系的影响。此外，在此基础上，本书进一步区分了产权性质，讨论了产权性质不同的企业，负债融资对企业价值产生的影响的不同。本书的主要创新点：

（1）不同于统筹分析整个行业和整体宏观经济因素的影响，本书仅针对房地产行业这一特定领域进行专门研究，排除个别的行业和宏观经济因素的影响，因此使最后的结果结论更具有针对性。

绪论
研究背景；
研究意义；
研究方法；
研究内容。
文献综述
理论基础
资本结构理论
企业价值理论
高层梯队理论
中国房地产上市公司资本结构特征及其特质性分析
研究假设
研究设计
样本选择
变量设计
模型建立
实证分析
负债融资对企业价值的影响
管理者特质对负债融资的影响
管理者特质对负债融资和企业价值的影响
实证结论
政策建议

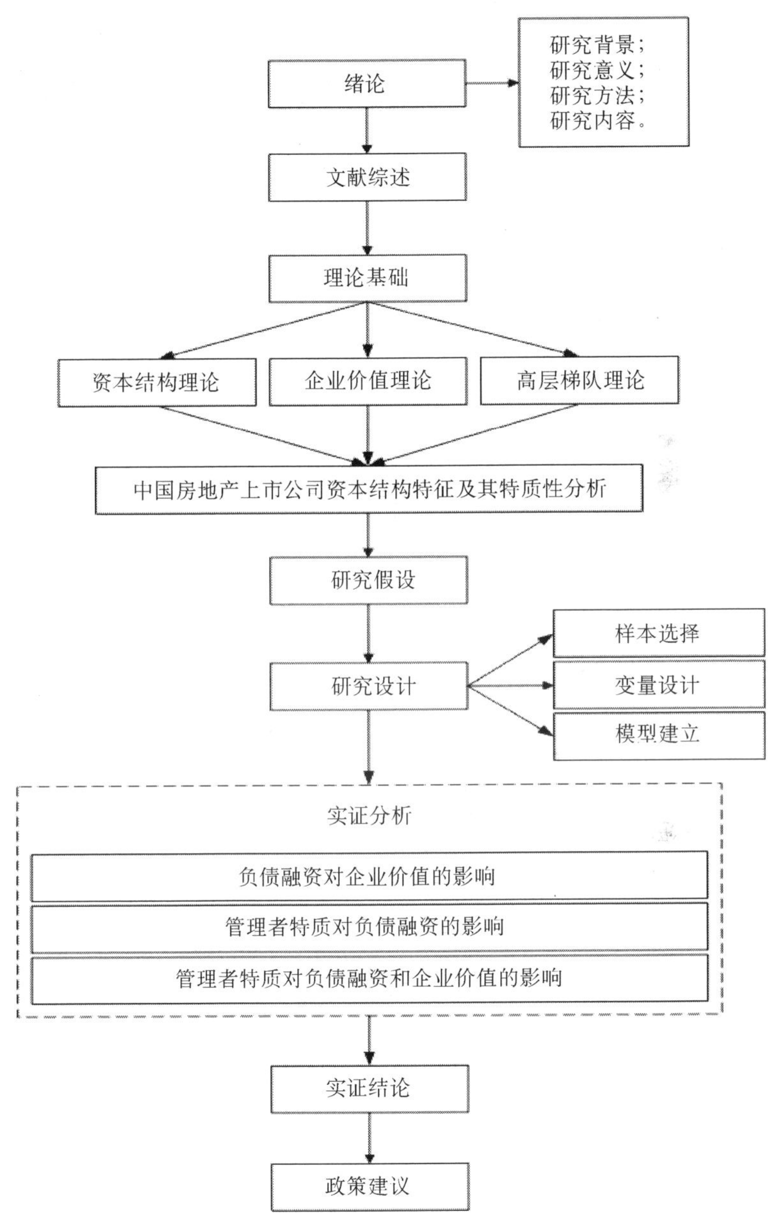

图1-2　研究思路框架

（2）现有的研究资本结构决策的文献大多都是直接探讨融资行为与企业价值的关系，本书不仅研究了负债融资决策对企业价值的经济后果，还深入分析了负债融资对企业价值的作用机制。

（3）现有的从高层梯队理论视角研究企业资本结构决策的文献大多都是单独去探讨管理者特质与融资决策或企业价值的关系，本书在研究管理者不同特质对负债融资决策影响的基础上，研究了管理者特质不同对负债融资决策与企业价值关系产生的影响，这无疑深化了关于管理者特质以及企业资本结构决策研究的分析框架。

（4）现有的探讨管理者特质对企业决策影响的文献，多数仅探讨管理者年龄、性别、受教育水平等基本的人口特征，忽略了管理者的财务工作经历，而这无疑都是管理者进行财务决策时不可忽视的影响因素，本书通过增加管理者财务工作经历这一特质，使管理者特质对负债融资决策影响的研究更加完整和合理。

（5）本书还深入考虑到我国特殊的制度背景，将样本分为国有和非国有样本，探讨在不同产权性质的环境下，管理者不同特质对负债融资决策及企业价值影响的不同，在一定程度上会对我国的企业产权优化改革提供一定的借鉴作用。

理论基础和文献综述

第 2 章为本书的理论基础和文献综述部分。第一部分，本章将首先对资本结构及相关概念予以界定。在此基础上，从三方面对资本结构理论进行了梳理：早期资本结构理论、经典资本结构理论和现代资本结构理论。本书详细阐述了早期资本结构理论，包括净收益理论、净营业收益理论和传统理论，继而又分别介绍了经典资本结构理论，主要归纳的是 MM 理论及其修正理论以及权衡理论，最后介绍了现代资本结构理论，包括代理成本理论、信息传递理论、啄序理论和控制权理论。本书还对企业价值理论和高层梯队理论进行了梳理。第二部分，本章从负债融资和企业价值，以及管理者特质及其对企业负债融资决策的影响两个方面展开文献评述。

2.1　理论基础

2.1.1　资本结构理论

2.1.1.1　资本结构的内涵

资本结构是指企业各种资本的价值构成及其比例关系，是企业一定时期筹资组合的结果。学术界对资本结构的定义存在狭义和广义之分。企业一定时期的资本可分为债务资本和股权资本，也可分为短期资本和长期资本。狭义的资本结构是指企业各种长期资本的构成及其比例关系，尤其是指长期债务资本与（长期）股权资本之间的构成及其比例关系。持此观点的学者认为，只有长期债务才具有避税和约束的作用。广义的资本结构是指企业全部资本的构成及其比例关系。广义资本结构的支持者认为，短期债务的偿还约束力强于长期债务，并且短期债务会产生短期债务避税行为。原因在于，企业在权衡短期债务偿还成本时，如果存在较多的应付成本，则企业会借助税盾减少支出成本。因此，广义资本结构中，短期债务和长期债务都会对企业的资本构成产生影响。本书中的资本结构指的是广义的资本结构（见表 2-1）。

表 2-1　　资本结构界定表

	分类	定义	观点
资本结构	广义资本结构	全部负债与权益资本的比例关系	资本结构中的负债包括长期负债和短期负债
	狭义资本结构	长期负债与权益资本的比例关系	资本结构中的负债仅指企业的长期负债，而将短期负债列入营运资本的范畴。认为只有长期债务才具有避税和约束的作用

2.1.1.2　资本结构的理论概述

（1）早期资本结构理论

对资本结构理论的系统研究开始于 1952 年，美国经济学家大卫·杜兰特在美国经济研究局召开的公司理财学术年会上提交的学术论文中提出的。早期的资本结构理论包括净收益理论、净营业收益理论和传统理论。

①净收益理论是 1952 年，美国经济学家大卫·杜兰特（David Durand）在《企业债务和股东权益成本：趋势和计量问题》一文中

提出的，是早期资本结构理论中最先被提出的。该理论是建立在 3 个假设基础之上的。假设 1：投资者对企业的期望报酬率（即股东资本成本）是固定不变的。假设 2：企业能以固定利率无限额融资。因为权益资本成本和债务资本成本固定不变，且债务资本成本小于权益资本成本，所以企业可以多多举债。假设 3：根据加权平均资本成本公式，随着债务增加，加权平均资本成本渐趋下降，当债务融资达到 100% 时，加权平均资本成本最低。该理论认为，由于债务资金成本低于权益资金成本，运用债务筹资可以降低企业资金的综合资金成本，且负债程度越高，综合资金成本就越低，企业价值就越大。按照该理论，当负债比率达到 100% 时，企业综合资金成本最低，企业价值最大（见图 2－1）。净收益理论是早期企业价值理论中的一种极端形式。根据这种理论，企业价值的最大化完全是通过债务资本的增加和企业财务杠杆比率的提高来实现的。理论的成立，依赖于不切实际的假设：债务资本的增加不会给企业带来融资风险和融资成本的提高。但是该理论假设在实际中很难成立。首先，债务资本的增加，意味着财务风险增大，作为理性人的股东会要求增加报酬率；其次，由于债务增加，债权人的债券保障程度下降，风险增大，债务资本成本也会增加。净收益理论虽然正视了负债融资所带来的杠杆抵税效应，但是没有考虑企业融资所面临的融资风险。伴随着负债水平的提高，企业的破产成本也在逐渐增加。所以该理论并不具有现实意义，但是它的理论贡献与融资思想对现代的企业融资仍然有重要的借鉴价值。

②净营业收益理论也是由大卫·杜兰特（David Durand）在 1952 年提出的，该理论是建立在企业负债的资本成本总是固定的，但权益资本则随着负债比重的上升而提高这一假设之上的。净营业收益理论认为，不论财务杠杆如何变化，公司加权平均资本成本都是固定的，因而公司的总价值也是固定不变的。这是因为公司利用财务杠杆增加负债比例时，虽然负债资本成本较之于股本成本低，

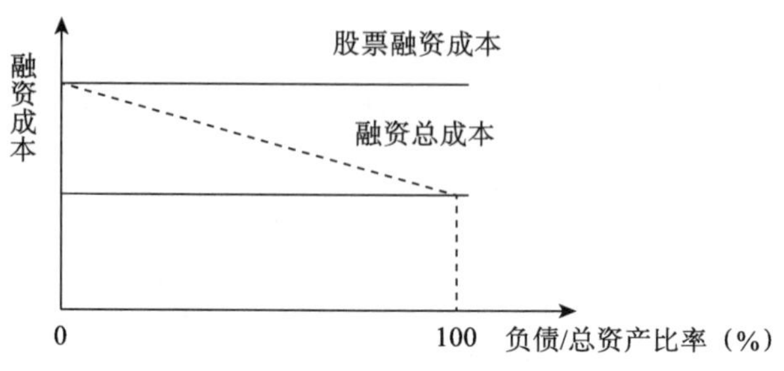

图 2-1 净收益理论

但由于负债加大了权益资本的风险，使权益成本上升，于是加权平均资本成本不会因负债比率的提高而降低，而是维持不变。因此，公司无法利用财务杠杆改变加权平均资本成本，也无法通过改变资本结构提高公司价值，资本结构与公司价值无关，决定公司价值的应是其营业收益。净营业收益理论的研究也认同负债融资存在抵税效益。但不同的是，他们的研究也指出，伴随着企业负债融资的增加，企业的资产负债水平在不断提升，企业面临破产和财务困境的可能性也在增加，此时，股东就需要相应地要求提高其收益中应得的风险溢价率。即随着负债水平的提高，尽管无风险利率没有发生变化，但风险溢价率提升了，进而导致也权益融资成本的上升。同时，净营业收益理论认为，当负债融资水平提高时，较低的负债融资成本比重增加带来的正面效应与上述的权益融资成本增加的负面效应完全相等，因而，企业加权平均资本成本保持不变（见图 2-2）。总之，净营业收益理论的核心观点是随着企业负债融资的增加，企业价值不变，企业不存在最佳融资结构，企业只能通过提高其净营业从而收益提升企业价值。净营业收益理论的假设是负债的资本成本不变而企业的权益资本成本与负债水平呈正比，且企业的权益资本成本大于其负债的付息成本，因此企业的加权资本成本可能固定。这一假设条件较净收益理论的假设条件有所进步，但是认为加权平均资本成本不变仍是不切实际的。它认为企业的价值独立于其资本结构，显然也是不符合现实条件的，但是其思考问题与理论推理的方法值得参考。

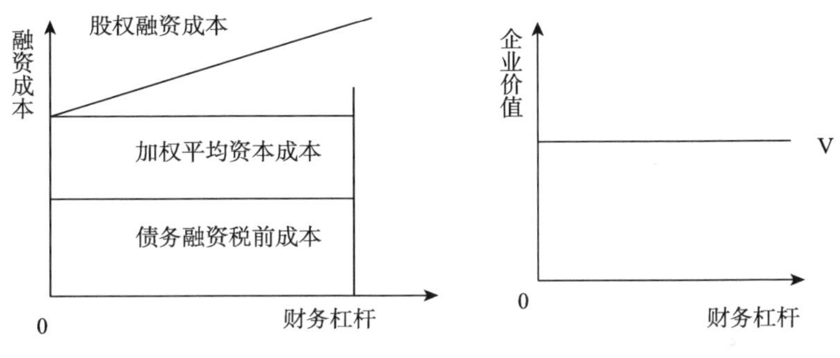

图 2-2　净经营收益理论

③传统理论是折中理论，它介于净收益理论和净营业收益理论之间。该理论的研究指出，随着资产负债率的增加，企业的负债融资成本和权益融资成本都会发生变化，但是负债水平不同时，其增加的速率也不同。当负债水平低于一定规模时，随着负债融资的增加，确实会带来权益融资成本的提升，但是低负债融资成本的拉低效应更显著，从而带来企业价值的增加；但是超过这个临界点后，如果继续提升企业资产负债率，企业面临破产和财务困境的成本更大，此时，权益融资成本对加权平均资本成本的拉升效应更显著，反而会带来企业价值的减少。在此之后，如果继续提高资产负债率，原有的低负债融资成本效应也将不复存在，从而企业加权平均资本成本增加的更为明显，企业价值下降幅度也更大。因而，传统理论认为，企业存在最佳融资结构，最佳融资结构即为负债融资成本的拉低效应和权益融资成本的拉升效应相等时的负债融资水平，也就是企业的加权资本成本的拐点即是企业价值最大的点（见图 2-3）。

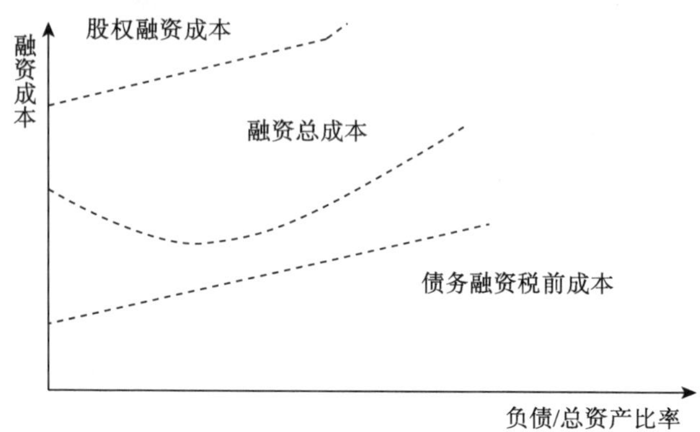

图 2-3　传统资本结构理论

净收益理论、净营业收益理论和传统理论共同构成了早期资本结构理论。净收益理论主张负债可以为企业带来成本节余，从而增加企业的市场价值，当企业的负债率达到100%时，企业的加权资本成本最低，从而企业的市场价值最大。它的最大缺陷是太过夸大企业负债的作用，却忽视了负债使企业的财务风险加大。净营业收益理论主张，企业的加权资本成本独立于企业的负债水平。因而企业的市场价值也独立于企业的负债水平，换句话说，企业不存在最佳的资本结构。它的缺陷主要在于没有认识到企业资本结构对企业加权资本成本的影响，太过强调企业的财务风险。传统理论主张企业可以通过采取适当的负债水平来使企业的价值最大化，它是一种折中理论。总体来说，早期的资本结构理论只是主观上判断甚至猜想投资者如何评价企业的价值，缺乏严密的思维逻辑和数学推导，而且假设太过理想化，因而逐渐被淘汰。

（2）经典资本结构理论

早期资本结构理论的下一阶段即为经典资本结构理论。早期资本结构理论的学者在进行研究时大多以其经验判断为主要依据，假设条件不切实际，缺乏合理严密的逻辑推理和实证分析，因而很难得到学术界的认可。经典资本结构起始于20世纪50年代，1958

年美国著名经济学家 Modigliani 和 Miller 共同发表了《资本成本、公司理财和投资理论》，在该文章中，他们提出了著名的 MM 理论，开启了现代企业融资结构理论研究的新纪元。此后的研究，大都是以此为参考，逐渐放开严格的假设条件，深入研究企业的资本结构与企业价值之间的关系。此后的研究主要有两大方向。一是着重研究税收对企业融资结构的影响，Modigliani 和 Miller（1963）认为，企业存在所得税，因此企业负债会产生一定的税收节余，从而对理论进行了修正。Farrar 和 Seluyn（1967）比较了负债付息成本与购买股票收益所缴纳的所得税的大小，从而分析二者对企业融资决策的影响。另一个研究方向是重点探索破产成本对企业融资结构的影响，如 Baxter（1967）。不过，在 20 世纪 70 年代这两研究分支在某种程度上得到了融合，形成了著名的权衡理论。本书主要归纳的是 MM 理论及其修正理论以及权衡理论。

①MM 资本结构理论是 Modigliani 和 Miller 在其 1958 年发表的著作 *The Cost of Capital, Corporation Finance and the Theory of Investment* 中提出的，这时的 MM 理论不考虑所得税的影响，该理论认为，在不考虑公司所得税，且企业经营风险相同而只有资本结构不同时，公司的市场价值与公司的资本结构无关。或者说，当公司的债务比率由零增加到 100% 时，企业的资本总成本及总价值不会发生任何变动，即企业价值与企业是否负债无关，不存在最佳资本结构问题。然而，该理论需要满足以下假设。这些假设条件包括：A. 完全竞争市场，投资者和企业的任何行动都不能影响市场的利率结构；B. 不存在市场交易成本；C. 所有参与市场活动的经济主体对企业未来有着相同的期望，包括风险和收益；D. 现金流量都是永续的，所有收益都会用于派发股利；E. 不管是个人投资者还是存在较高专业水平的机构投资者，向公司提供借款服务时，面临着相同的借款利率；F. 不存在个税，或是在资本利得等方面享有完全平等的征税规定；G. 市场中的个人与企业可能会遭遇财务危

机甚至破产，不过不会因此而产生任何的成本，即不会存在重组费用、清算费用等；H. 企业与个人都可无须支付成本而获得相同的可利用信息。该理论在忽视企业所得税的前提下提出了如下两个定理：

定理1：资本结构不会对企业价值产生任何影响，不管企业的负债水平为多少，企业的加权平均资本成本与企业没有负债时的权益成本是相同的。

定理2：对于面临着相同风险的杠杆企业与无杠杆企业，前者有着更高的权益资本成本，等于后者的权益资本成本与风险溢价的加和。

但是，从实际情况来看，没有哪个企业能够忽视所得税的问题。在上述假设中，MM 理论过于理想化，将其基础置于完善的资本市场之中，并没有考虑现实中企业所得税、破产成本等因素的影响，故而被认为是一种不完善的资本结构理论，或称为完善条件下的资本结构理论。

②Modigliani 和 Miller 考虑到 MM 理论的缺陷，因此对其做出了修正。Modigliani 和 Miller 在修正的 MM 理论里放宽了假设前提，并将公司所得税纳入其中。修正的 MM 理论（含税条件下的资本结构理论）提出，在考虑公司所得税的情况下，由于负债的利息是免税支出，可以降低综合资本成本，增加企业的价值。因此，公司只要通过财务杠杆利益的不断增加，而不断降低其资本成本，负债越多，杠杆作用越明显，公司价值越大。当债务资本在资本结构中趋近100%时，才是最佳的资本结构，此时企业价值达到最大。两个作者认为，如果存在企业税，那么无负债企业的价值同等于企业负债经营时的企业价值加上税收益。MM 修正模型提出了两个新定理：

定理1：负债企业的市场价值，等于同一风险水平的无负债企业的价值，加上债务融资为企业带来的抵税效应而产生的价值。而负债抵税效应给企业增加的价值，则可用公式表示：

$$V_U = \frac{EBIT(1-T)}{K_{SU}}$$

$$V_L = V_U + TD \tag{2-1}$$

式（2－1）中，V_U为无负债企业的市场价值，V_L为有负债企业的市场价值，K_{SU}为无负债企业的权益资本成本率，$EBIT$ 为企业息税前利润，T 为企业应缴所得税率，D 为企业的负债总额。

定理 2：负债企业的权益资本成本率等于同一风险水平的无负债企业的权益资本成本率，加上一定的风险报酬。在这里，风险报酬大小由企业的融资结构和所得税率决定。用公式表示，如下：

$$K_{SL} = K_{SU} + (K_{SU} - K_d)(1-T)(D/S) \tag{2-2}$$

式（2－2）中，K_d为企业负债的利率，S 为企业普通股的市场价值。因为（1－T）小于 1，所以当企业的负债水平上升时，虽然企业的股权资本成本也会上升，但是它上升的幅度小于无公司所得税时企业权益资本成本率上升的幅度。所以，在这种情况下，若企业的资产全部由债务资本构成时，企业价值最大化。当然，这在现实中显然是不可能的。因为它没有考虑到负债的增加给企业带来的更为综合方面的影响。

然而在实践中，由于企业存在破产成本（Jensen 和 Meckling，1976），大量增加企业负债的同时会提高企业的破产概率。因此，修正的 MM 资本结构理论再次受到各方的质疑。最初的 MM 理论和修正的 MM 理论是资本结构理论中关于债务配置的两个极端看法。

③权衡理论（trade－off theory）又称最优融资结构理论，是针对 MM 资本结构理论及其修正理论存在的缺陷，由 Robichek（1967）、Kraus（1973）、Scott（1976）等学者提出的。在公司资本结构中，债务所产生的作用不只是可帮助企业减少纳税，发挥着税盾的作用，还会导致企业的财务风险加大。而权衡理论指的就是对债务利息的抵税效应与债务成本进行权衡分析，以确定对企业最

为有利的最佳资本结构。权衡理论认为，企业可以利用税收屏蔽的作用，通过增加债务来增加企业价值。公司通过权衡负债的利弊，从而决定债务融资与权益融资的比例。负债的好处包括税收节省，即税盾。负债的成本主要包括财务困境成本以及委托—代理成本。其中，财务困境成本还可进一步分为两部分：第一部分为直接成本，指的是由于公司破产、倒闭或者重组而发生的各种费用支出，比如清算费用、相关法律服务的费用等；第二部分为间接成本，这部分成本构成更加复杂，包括：一是一旦企业遇到财务问题，上游供应商以及下游客户通常情况下都会选择其他的企业，而不利于企业经营活动的正常开展，也导致风险增加；二是如果企业已经出现了十分严重的财务问题，那么企业的债权人，为了避免自身利益受损会纷纷来向企业讨回债款，为了偿还债款，企业往往会选择出售长期资产或者是为节省开支降低产品品质等短期行为，目的是能够尽快获得可用资金，然而，从长期来看，这些行为对企业发展是不利的，将会导致企业市场价值下降；三是一旦发生财务困境，债权人和股东都会为了维护自己的利益而主张采取有利于自己的措施，导致双方的利益冲突加剧。对于股东来讲，会要求加大对高风险项目的投资，而导致财务风险加剧。债权人则会要求公司给予更高的风险报酬。关于委托—代理成本，作为公司股东始终将维护自身利益、实现自身利益最大化作为其追求目标，而经常会制定一些可能会对债权人利益造成损失的决策。故此，作为理性的债权人，也会采取多种手段来维护自身利益，如在双方签订借款合同时，会就某些债权人十分关心的问题设定一些专门的条款，这些限制性条款会影响正常的经营活动，甚至可能导致公司错失非常好的投资项目，这就意味着出现了代理成本损失。同时，为了确保这些条款能够落实也需要付出监督成本，而这部分成本最终也会转嫁到股东身上，导致企业的代理成本增加。

当负债率较低时，负债的税盾利益使公司价值上升；当负债率达到一定高度时，负债的税盾利益开始被财务困境成本所抵销；当边际税盾利益恰好与边际财务困境成本相等时，公司价值最大，此时的负债率（或负债率区间）即为公司最佳资本结构。使用债务和股权用于融资时，企业要考虑一个优化其整体价值的权衡点，即企业的最优资本结构。权衡理论不仅注意到了公司所得税存在下的负债抵税收益，也注意到了负债的财务拮据成本和代理成本，认为二者相权衡下，企业存在一个最优资本结构。较为符合学术界大多数专家关于企业存在一个最优资本结构的看法。使企业负债的效用由单一的节税正面效应而扩展到了财务拮据成本和代理成本等负面效应，进一步揭示了负债与企业价值的关系。依据此理论，最优融资结构模型可以设定为：

$$V_L = V_U + TD - \text{破产成本现值} - \text{代理成本现值} \quad (2-3)$$

式（2－3）中，V_L 表示有负债的企业的市场价值，V_U 表示无负债的企业的市场价值，T 为企业应缴的所得税税率，D 为企业的负债总额。本书对最优融资结构模型，构造图形，如图 2－4 所示：

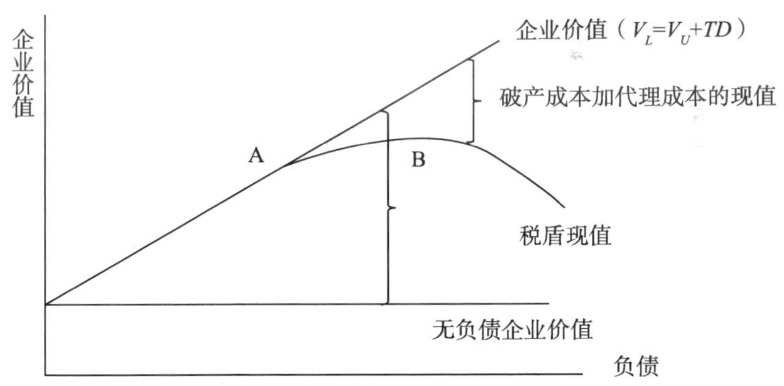

图 2－4　最优融资结构模型

权衡理论所揭示的企业价值最大化的负债水平是静态的，实际上，在现实中确定企业负债筹资的利益和成本的数量是非常困难的，实际也不可能找到精确的能使企业价值最大化的负债水平。每个企业确实存在最优资本结构，但最优资本结构是动态的而并非是静态的，它随着企业的性质、时间和资本市场的变化而变化。在此基础上，Myers（1984）提出，企业在考虑负债决策时会制定一个目标债务值，在企业的实际负债水平向该目标比例的趋近过程中，企业的负债水平和债务税盾之间的权衡选择起到关键的作用。可以看出，企业的价值与其资本结构存在动态的相关性。Frank 和 Goyal（2006）认为，由于最优资本结构目标的不可观测性、税制结构的复杂性、破产成本的净损失特征以及不同分析中交易成本采取不同形式等原因，权衡理论应分为两个部分：静态权衡理论和动态权衡理论。

（3）现代资本结构理论

现代资本结构理论是众多学者基于 MM 理论而不断发展的。此前，学者们在研究企业资本结构决策时，仅考虑了企业外部因素，而现代资本结构理论开创性地将信息不对称理论引入，去深入探讨企业内部因素对资本结构决策的影响，实现了资本结构理论研究的重大飞跃。现代资本结构理论包括代理成本理论、信息传递理论、啄序理论和控制权理论。

①20 世纪 30 年代，美国经济学家伯利和米恩斯指出，企业所有者兼任经营者的做法存在很大的弊端，应该通过引进专业人士以其相应领域的知识和技能解决企业的经营管理问题。但这些研究只限于两权分离问题，还未真正触及委托—代理关系，可以认为是委托—代理理论的起源。代理理论是 20 世纪 70 年代基于企业所有权和经营权的两权分离后的委托—代理现象而提出的。研究者认为，由于存在委托—代理关系，而代理人会为了自身的利益去损害委托人的利益，即存在代理冲突，由此也就产生了代理成本。按照詹森和梅克林（Jensen and Meckling，1976）的定义，代理成本是指委托人为防止代理人损害自己的利益，需要通过严密的契约关系和对代理人的严格监督来限制代理人的行为，而这需要付出的代价就是

代理成本。具体而言，在经济学上，委托人和代理人都是“理性人”，因此都会将自身的利益最大化。因此，为了防止代理人的不良动机进而使自身的利益受到损害，委托人会设计一套严格限制代理人决策行为的条约，以此防范上述情况发生。然而，这就会引发相应的费用支付，即“代理成本”。一般而言，主要有以下两种情况：一是当管理层尽心尽力经营管理企业时，他要承担全部的成本但仅分享部分利润；二是当管理层消费额外收益时，他可以享受全部好处，只需承担部分成本。这两种情况导致管理层提高经营业绩的积极性不高，却热衷于额外消费，因而导致两权分离状态的公司价值小于他是完全所有者的公司价值。为了减少代理成本，Jensen 和 Meckling（1976）认为，无论是通过股票还是债券进行融资，都会造成代理成本，而财务结构的设置，就是要权衡两种融资带来的代理成本，使总的代理成本最小化。

②信号传递理论最早可追溯到 1973 年，Spence 在研究招聘模型时，发现公司招聘者和求职者存在信息不对称，导致招聘者无法真实判断求职者的实际能力，因而入职后会发生求职者待遇不公平的情况，而求职者将教育背景等可见的因素作为有价值的信号，主动传递给招聘者，进而获得较好的待遇。这种信号传递促进了双方信息的交换，有利于解决招聘过程中的信息不对称问题。而在研究公司经营管理时，西方学者认为，在信息不对称情况下，公司主要通过三种信号向投资者传递公司信息，即利润宣告、股利宣告和融资宣告。这一领域研究出色的主要有三大模型：Ross（1977）、Leland and Pyle（1977）和 Myers and Majlif（1984）。这三大模型都假设公司内部人与外部人对于公司的真实价值或投资机会的信息处于不对称地位。在这三大模型中，信息不对称并不似委托—代理模型中那样产生直接的激励问题，而是扭曲公司的市场价值，导致投资收益低下。尽管企业的融资结构可能不同，但都会向资本市场传递一些信息，这些信息包含了企业的真实价值，内部人力图采取有利

的融资结构，向资本市场传递正面的信号，减弱负面的信号。

Ross 模型：信号传递理论在财务领域的应用始于罗斯的研究，1977 年美国经济学家 Ross 提出 Ross 模型，最早系统地将不对称信息理论引入资本结构和股利政策分析中，他认为管理者和投资之间存在着信息不对称，投资者无法获得准确的内部信息，如未来的投资收益和投资风险等，因而只能通过管理者的行为去评价企业价值。企业的外部融资结构的选择便是向外部投资者传递企业价值的一种重要信号，由于负债水平越高时，企业破产的概率越大，如果企业破产，管理者会遭受很大的损失，即投资者会认为只有质量较高的企业才有实力去选择较高的负债率，因而如果企业负债水平上升，它传递的是对企业发展有利的正面讯息。同时，Ross 还认为，负债水平可以在一定程度上监督管理者，总之企业价值与负债水平正相关。罗斯也提出了有效的信号传递工具必须满足四个条件：一是管理层积极发出真实的信号；二是业绩好的企业的信号很难被业绩差的企业所模仿；三是信号必须与可观察事件相联系；四是不存在成本更低的传递同样质量信息的其他方式。

Ross 模型极具贡献性地将代理人的激励方案引入信号传递模型中，从而得出“给定投资水平，负债—产权比是向投资者传递公司真实价值的重要信号”这一开创性观点。Ross 模型假设：代理人知道公司收益的真实分布，而公司外部人不知道，存在信息不对称；公司的收益遵循一阶随机占有。由于公司破产的可能性与公司的质量负相关，与公司的负债水平正相关，因此投资者通常认为，拥有较高水平负债的公司经营状况也较好。因为低质量的公司如果发行过多的债券，其破产的可能性将加大，它的代理人也将受到损失，所以低质量的公司的代理人往往不愿意过多的实行债权融资。Ross 模型假定某类型为 t 的公司在时期 1 的收益为 X，收益均匀的分布在 $[0, t]$ 之间。现假定一家公司的代理人在充分考虑该公司内部信息的基础上，选择发行面值为 D 的债券，使该公司的市场价值在时刻 0 达到最大化，在时刻 1 扣除破产时罚金 L 后的预期市场价值也达到最大化。定义 V_0（D）为债务水平 D 在时刻 0 时的市场价值，则可以确定目标函数表达式：

$$(1-\gamma)V_0(D)+\gamma(\frac{t}{2}-LD/t) \qquad (2-4)$$

式（2－4）中，γ 是权重；该模型简化估计在时刻 1 应当支付的预期值为 $t/2$，破产的概率为 D/t，投资者推测 $t=\alpha$（D），则有

$$V_0(D)=\alpha(D)/2 \qquad (2-5)$$

将等式代入目标函数并对 D—阶求导。当达到均衡时，若代理人认为（2－5），类型 t 公司最佳的债务水平为 D（t），那么就有恒等式 $\alpha(D(t))\equiv t$。将此恒等式代入一阶条件求解得：

$$D(t)=\frac{b\,t^2}{L}+C \qquad (2-6)$$

式（2－6）中，b、c 为常数。

Leland and Pyle 模型：Leland 和 Pyle（1977）从内部人持股比例角度考查公司质量，并进一步构建了 Leland and Pyle 模型。该模型主张，公司内部的所有人员都是风险厌恶者，他们认为，项目可变则会导致收益不确定，且他们比公司外部人更了解企业项目投资收益的分布。由于公司所有人是风险厌恶者，那么当他面对收益不确定的投资项目时，他会选择与外部投资者共同承担风险。但是问题在于：一是公司所有人希望外部投资者承担多大比例的项目投资；二是公司所有人如何使外部投资者相信项目的真实价值，从而愿意合作投资。Leland and Pyle 模型认为，由于公司所有人是风险厌恶者，所以一个项目的投资风险越大，他所愿意承担的股份就越少，他希望外部投资者承担的份额就越大。关键是，公司所有人如何说服外部投资者进行投资。Leland 和 Pyle（1977）证明，在均衡状态下，公司所有人持有的股份能够完全揭示该项目收益的均值。该模型得出这样的结论：公司所有人持有的股份越高，会向资本市

场传递这样的信息：企业投资的项目的价值也越高，因而企业的市场价值也就越大。

Myers and Majlif 模型：Myers 和 Majlif（1984）构建了著名的 Myers and Majlif 模型，该模型主要研究如何利用融资结构来缓和由于信息不对称而导致的企业投资决策失效问题该模型的主要观点是：公司所有人只有在企业的股价高于其实际价值时才会增发新股，而潜在投资者显然不愿意购买被高估的股票。因此从这一角度来看，股权融资一般向资本市场传递的是负面信号，因而新股发行会使股价下跌。换句话说，如果公司为新项目融资而增发新股，股价下跌过多肯能使新投资者获得的折价收益大于新项目的净现值，而原股东却因此受损。在这种情况下，即使某一项目的净现值为正，代理人为了维护原股东的利益很可能放弃这项目投资，从而导致投资不足。为解决这一问题，Myers（1984）构建了融资优序理论，即融资结构必须配合新项目融资，融资先后顺序为先利用内部资金，再发行低风险的债券，最后才是股权融资。融资优序理论的实践建议是：一旦公司准备股权融资的消息反馈到资本市场，公司的股价将会下跌，但若利用内部资金或低风险债券融资则会向资本市场传递有关企业类型的信息，自然也不会影响公司股票价格。

该模型假设存在两种类型的公司，二者当前真实的市场价值分别为 H 和 L（不妨 H 大于 L），但是初始时外部投资者并不了解这两家公司属于哪种类型，只有其所有人及代理人清楚。这时，外部投资者可以推测这两家公司属于哪种类型，不妨假设外部投资者推测一家公司真实市场价值为 H 的概率为 p，为 L 的概率为（$1-p$）。两家公司都有新的投资项目，投资所需融资额为 I，投资项目的净现值为 V，投资所需资金只能通过增发新股。在这样的条件下，两家公司是否会选择继续投资该项目。对于真实市场价值为 L 的公司，本书假设其选择增发新股以获得融资来投资新项目，则其原有股东不得不将公司价值的一部分让与新股东，让与份额为 $\beta=I/(L+V+I)$。

但是原有股东通过增发新股并投资新项目可获得收益$(1-\beta)(L+V+I)=L+V$，较原有收益增加了净值 V。这说明增发新股并投资新项目对类型公司的原有股东来说，净收益大于0，所以会被接受。对于真实市场价值为 H 的公司，本书同样假设其选择增发新股以获得融资来投资新项目，由于信息不对称的存在，资本市场将 H 类型公司的真实市场价值与 L 类型公司同等对待，则 H 类型公司原有股东让与新股东公司价值时，让与公司价值份额也同样为 $\beta=I/(L+V+I)$。而公司在增发新股并投资新项目后，原有股东将占公司价值$(1-\beta)(H+V+I)$。本书比较$(1-\beta)(H+V+I)$与 H 大小，得$(1-\beta)(H+V+I)-H=(L+V)(V+I)-HI$，由于无法知道$(L+V)(V+I)-HI$ 为正还是为负，所以无法比较$(1-\beta)(H+V+I)$与 H 大小关系。不妨令$(1-\beta)(H+V+I)<H$，则由于资本市场低估的公司的真实市场价值并进而低估了新股的价值，导致原有股东利益受损，所以此次投资必会受到原有股东及其代理人的反对而取消。因此，根据模型，当一家公司增发新股的信号反馈到资本市场，该公司的股价会下跌。所以，一家公司的新项目融资一般是利用内部资金或低风险债券筹得的。

③啄序理论（The Pecking Order Theory）又称为啄食顺序理论，是由 Mayers 及其合作者 Majluf 于 1984 年在 Ross 的信息不对称理论的基础上提出的，通过分析信息不对称条件下不同融资方式的融资成本的不同，给出了企业的债权融资、内源融资和股权融资的融资顺序。在该理论中，他们假设资本市场是完美的，但存在信息不对称。在这样一种市场中，企业的融资方式偏好遵循从内源融资、外源融资、间接融资、直接融资、债券融资、股票融资等的融资顺序，这种筹资顺序的选择也不会传递对公司股价产生不利影响的信息。这是由于存在信息不对称和交易成本等，企业外源融资的成本多于内源融资，因而如果企业内部资金充足时，便会优先选择内源融资，以避免外部资金融资成本的支付；而内源融资的供应量

也是有限的，如果企业投资了大量的项目，导致资金链出现空缺，企业只能另觅他径，从外部获取资金，这时从前述的信号传递理论可知，由于存在信息不对称，负债融资会被看成企业质量良好的标志，会对企业价值有着积极的影响，因而管理者会优先进行负债融资；与之相对应的，如果企业进行股权融资，它显示的是企业价值有着负面的影响。对啄序理论的讨论主要是在放松 M—M 框架下的信息对称与不存在破产成本的前提假设的条件下进行的。

首先，对公司资本结构的信息不对称进行分析。考虑信息不对称对公司资本结构的影响。在这方面 Pecking Order 理论的主要支持是 Myers and Majluf 的模型。该模型认为，当存在公司外部投资者和内部经理人之间的信息不对称时，由于投资者不了解公司的实际类型，只能按照对公司价值的期望来支付公司价值，因此如果公司采用外部融资的方式为公司的新项目融资时，会引起公司价值的下降，所以公司发行新股票是一个坏消息，如果公司具有内部盈余的话，公司应当首先选择内部融资的方式。当公司必须依靠外部资金时，如果可以发行与非对称信息无关的债券，则公司的价值也不会降低，因此债券融资比股权融资具有较高的优先顺序。我们可以看到在内部融资优于外部融资的分析上，Myers and Majluf 模型的论述是比较清晰的，其假设与现实也比较贴近；但是，在债权融资比股权融资优先方面，Myers and Majluf 模型对啄序理论的支持是建立在很强的理论假设的基础上的。可以说，在这方面，这个模型基本上没有考虑债务融资的代理成本问题，这与现实的差距是比较大的。

其次，对公司资本结构的代理成本进行分析。信息不对称还导致了另外一个严重的问题，即各种融资方式之间的代理成本差异。从代理成本的角度来考虑问题，由于内部经理人和外部投资者之间信息的不对称，进行任何的外部融资都会产生代理成本，引起公司价值的下降，而如果采用内部融资的方法则不会增加公司的代理成本，因此内部融资是比外部融资优先的融资方式。Jensen and Meckling（1976）的模型证明了，假设公司仅采取外部股权的融资方式，由于信息不对称，存在道德风险问题，内部经理人有可能采取过度的在职消费行为，从而降低公司的价值。因此内部融资优于外部股权融资。

④控制权理论（Theory of Control Right of Capital Structure）就是以融资契约的不完全性为研究起点，以公司控制权的最优配置为研究目的，分析资本结构如何通过影响公司控制权安排来影响公司价值。该理论产生于美国，诸多学者从企业控制权角度展开研究的原因是 20 世纪 80 年代后期美国掀起了并购狂潮，对于企业控制权的争夺日益重要，由于股权融资方式会改变企业的股权结构进而影响企业控制权的变化，而负债融资仅需要到期还本付息，并不会改变股权结构，也就不能影响企业控制权的变化，因而企业会慎重选择合理的融资方式。该理论自产生以来，倍受学术界的重视，发展十分迅速，对研究和解决公司制度安排和公司治理结构问题产生了重大而深远的积极影响。控制权理论比较有代表性的模型有 Stulz（1988）的最优控制权模型、Harris 和 Raviv（1988）的兼并机制模型和 Aghion 和 Bolton（1992）的破产机制模型。这三种模型都是基于信息不对称的基础，将公司资本结论决策与公司治理结构相联系，从不同的研究视角去探讨不同融资决策是如何因为对股权结构的改变进而影响对企业的控制权从而影响企业价值的。本书对这三个模型进行一下介绍。

Stulz 模型：Stulz（1988）建立了如今著名的 Stulz 模型，该模型重点研究所有权与兼并之间的关系，以投资者预期的收益最大化为目标来构建最优控制权结构。Stulz（1988）假设如下：某公司有一在位经理，一个潜在的竞争者和大量的分散股东或称被动投资者）；在位者拥有公司 α 比例的股份并取得公司的私人控制权；在位者在任何情况下不转让公司股份，竞争者只能从大量分散股东那购买公司股份，收购后竞争者可获得随机的控制利益 A；初始时，任何人都不清楚 A 值；分散股东永远支持公司原在位者，竞争者要想取得公司控制权，至少必须取得公司 50% 的股权。在位者持有公司的股份越多，竞争者收购分散股东的持股比例也越大，他必须支付的报酬总额也越多。当且仅当竞争者获得的控制利益 A 大于收购该公司 50% 的股份的最低价格时，他才会出价进行收购。Stulz 模型最终得出的结论是：接管标的公司能够设计一个最优的债务水平，使分散股东在接管中实现利益最大化；成为竞争者敌意接管对象的公司，比不是接管对象的公司拥有更多的负债；接管对资本市场来说是个好消息，因为若接管成功，债权人可能可以用债券交换股票，公司的股价也会上升。

Harris & Raviv 模型：Harris 和 Raviv（1988）构建了早期著名的控制权理论模型，该模型主要通过考察代理人股权控制、企业的债务比和兼并市场三者之间的关系，来研究公司代理人通过改变自己持股比例来实现操纵兼并成功与否的可能性。该模型认为，代理人既可以从其所持有的股份获得收益，也可以从控制权获得收益。该模型假定：初始时，一家公司完全实行股权融资，代理人持有原始股份份额为 α_0，其余股份由分散投资者控制；代理人若控制公司，其可获得预期的控制收益 B；经营者能力分为 1 和 2 两种，相对应的公司价值也有两种，分别为 Y_1 和 Y_2，不妨令 $Y_1 > Y_2$；公司控制权存在一竞争者 R，如果该竞争者获得公司控制权，公司控制权收益将从原代理人手中转移至竞争者手中；代理人与竞争者经营能力有差别，但事前无法知道，代理人经营能力为 1 的概率为 p，为 2 的概率为 $(1-p)$，竞争者经营能力为 1 的概率为 $(1-p)$，为 2 的概率为 p；代理人继续控制公司，则公司价值为 Y_1，若竞争者控制公司，公司价值为 Y_2；一旦出现竞争者，代理人会选择新的持股比例 α。代理人与竞争者对公司的控制权争夺，会出现以下三种情况。第一种，代理人持股比例太少，即使竞争者经营能力相对较差也能实现接管；第二种，代理人持股比例太多，即使其经营能力相对较低也能成功继续控制该公司；第三种，代理人持股比例不多不少，为 α，他只有经营能力相对较高时才能获胜。虽然二者经营能力大小事前不确定，但是市场相信获胜者必定是经营能力更强的，因此不论接管成功与否，公司价值都为 Y_1。代理人可以通过改变其持股比例 α 来影响上述三种情况的发生，从而决定公司价值。该模型认为，如果第一种情况是最优的，公司不会产生新的债务，但是争夺公司控制权需要负债，尤其是竞争激烈时负债会更多。分散股东对代理人和竞争者的支持，取决于他们对二者信息的掌握。如果分散投资者认为，代理人经营能力更强，就会将投票更多的投向代理人，那么代理人只需要较少的债务来影响代理权的争夺。反之，需要更多的债务为代价来继续保留控制权甚至丢失控制权。

Aghion & Bolton 模型：Aghion 和 Bolton（1992）构建了著名的 Aghion & Bolton 模型，该模型在研究资本结构选择与公司控制权安排之间的关系时，重点研究公司控制权的契约本质。Aghion 和 Bolton（1992）认为，投资时期是长期的、连续的，一旦出现不利的情况，将控制权转移给债权人是最优的选择。Aghion & Bolton 模型认同不完全合同理论，它认为公司代理人只有技术却没有资金，投资者有资金但没有技术。模型假定公司的股东可以获得明确规定并载入合同中的货币收益 y，代理人可以获得无法明确也无法转移的私人收益 t，这导致单纯追求货币收益最大化的股东与既追求货币收益又希望私人收益最大化的代理人之间出现利益冲突。关键是，如何缓解或者解决这种利益冲突？该模型认为，要缓解这种冲突，应当追求总收益（$y+t$）最大化，而不是单纯的只追求某一部分人的收益最大化。同时，应当安排最优的控制权结构：若股东的货币收益（或代理人的私人收益）与总收益是单调递增关系，那么股东（或代理人）单边控制便可实现最优；若货币收益（或私人收益）与总收益不是中调递增关系，那么最优安排是控制权相机转移。即当公司经营状况良好时，代理人取得公司控制权；当公司经营情况欠佳时，代理人可将控制权转移给股东或者债权人。该模型的核心是控制权相机转移这一思想，它利用到了破产机制在债务契约中的作用。

现代资本结构理论对传统的资本结构理论提出了许多的修改与完善，是现代企业财务三大核心理论之一。总的来说，现代资本结构理论有以下特征：

第一，现代企业资本结构理论综合采用实证研究与规范研究方法。现代企业资本结构理论通过引入实证金融学，逐步放开早期定理严苛的假设条件，使之更加符合现实。现在资本结构理论还引入了企业理论，从资本结构对企业治理结构的影响角度进行研究，开辟了新的研究路径。从某种意义上说，现代资本结构理论主要是在研究方法上不断改进、创新，从而取得了长足发展。

第二，现代资本结构理论大多拥有一定的微观理论基础，现代资本结构理论广泛采用新的分析方法和技术，比如行为金融理论、信息不对称理论、代理理论和激励理论等，对传统的资本结构理论形成了挑战。现代资本结构理论也在很大程度上释放了传统资本结构理论严苛的假设条件，在更加符合现实的假设条件下进行分析，比如权衡理论只保留了信息充分假设，其他理想化的假设全部放开；税收学派放开了税收假设；行为金融理论放弃了理性人假设等。

第三，现代资本结构理论深入探讨企业代理关系中的一系列利益冲突对企业资本结构的影响。例如，委托—代理理论认为，代理关系导致企业存在股权代理成本和债权代理成本，企业必须权衡这两种成本，使之最小化，选择最优的资本结构以实现企业价值的最大化。信号传递模型认为，企业代理人的行为会向资本市场释放一些企业真实价值的信号，如企业的负债水平，企业的融资方式以及企业内部人持股比例等，都会使投资者更了解企业的真实经营现状和企业代理人的经营决策。控制权理论则主张，企业的债权人在一定条件下可以夺得企业的剩余控制权，从而影响企业的价值。

第四，现代资本结构理论关于资本结构与企业价值之间的关系研究取得了长足进步，越来越能够解释经济中的现实因素。早期的资本结构理论不考虑所得税因素，主张企业的市场价值独立于企业的资本结构。后续的研究逐步放开严苛的假设条件，使之更符合现实，先后引入所得税（企业与个人）、代理成本、破产成本以及信息不对称等因素，得出新的结论：企业的市场价值与企业资本结构密切相关。

虽然现代资本结构理论取得了很大的修正与完善，但仍有一些不足：

第一，假设条件仍较理想化，与现实不完全相符。虽然现代资本结构理论在假设条件的严苛性方面较早期资本结构理论有了很大的改善，但其假设条件仍较理想化，需要进一步放宽。

第二，现代资本结构理论研究各自为政，缺乏统一的逻辑体系。现代资本结构理论的研究都是从某一个分析某一因素对企业资本结构的影响，没有综合考虑，缺乏集成研究。而且，各理论研究太过重视某个别因素，将其他因素当作外生或忽略，导致各理论之间的研究结果关联性有限，甚至结果相悖。

另外，现有的资本结构理论大多直接来源于西方，其理论假设建立在发达国家政治经济文化背景上，而国内相关的研究起步晚，研究成果也较少。因此，我们实际上仍缺乏适合我国政治经济文化背景的资本结构理论。但是，随着我国市场经济的发展，资本市场的完善以及法律法规的健全，我国一定会建立起能够对我国经济具有较强解释力的资本结构理论体系。

2.1.2 企业价值理论

企业经营的终极目标就是追求财富最大化，即企业价值最大化。投资者和股东作为企业的所有者理所当然的会不断追求企业价值的增加。从财务管理角度来看，企业价值具有多种不同的表现形式：账面价值、市场价值、评估价值、清算价值、拍卖价值，等等。客观地讲，每一种价值形式都有其合理性与适用性。因而，能否正确地理解企业价值概念并正确地对之加以评估就显得尤为重要了。

2.1.2.1 企业价值的概念

企业价值概念是随着产权理论和产权市场的发展而产生的。学术界对企业价值最早的定义是从会计核算的角度来分析的，认为企业价值只是企业各项资产简单加总的价值。伴随着市场经济的发展和价值管理理念的提出，学者们开始综合多方面因素去定义企业价值的内涵。企业价值即指企业本身的价值，是企业有形资产和无形资产价值的市场评价。企业价值不同于利润，利润是企业全部资产的市场价值中所创造价值中的一部分，企业价值也不是指企业账面资产的总价值，由于企业商誉的存在，通常企业的实际市场价值远远超过账面资产的价值。金融经济学家给企业价值下的定义是：企业的价值是该企业预期自由现金流量以其加权平均资本成本为贴现率折现的现值，它与企业的财务决策密切相关，体现了企业资金的时间价值、风险以及持续发展能力。扩大到管理学领域，企业价值可定义为企业遵循价值规律，通过以价值为核心的管理，使所有与企业利益相关者（包括股东、债权人、管理者、普通员工、政府等）均能获得满意回报的能力。显然，企业的价值越高，企业给予其利益相关者回报的能力就越高。而这个价值是可以通过其经济定义加以计量的。

2.1.2.2　企业价值的计量方法

在我国目前的企业价值计量方法中，被广泛应用的有成本法、市场比较法、现金流量折现法、实物期权定价法、经济增加值法等。其中最常用的计量方法为现金流量折现法和实物期权定价法 。本书着重针对以上五种方法进行分析 ，并比较其优点和局限性。

（1）成本法

成本法是衡量企业价值的传统方法之一 ，是从企业负债能力的研究出发 ，基于企业的资产负债表，对企业现有资产及负债情况进行评估，企业各项资产价值的总和减去企业负债价值的总和即为企业价值。成本法实用性较强，各项信息的获取较为便捷，但其适用范围具有一定局限性。这种核算方法受会计计量的影响较大，成本法的固有特性使该方法适用于不受客户关系等无形资本所产生的企业价值的计量。如果企业价值受无形资产的影响过大，评估出的企业价值和企业的真实价值就会存在一定的偏差。在面对企业经营出现亏损，且亏损会持续一段时间时，或是在衡量企业价值的时候不能做持续经营假设，也不能使用收益现值法进行评估时，只能采用成本法评估加总。成本法虽然简单有效，但成本法的计量结果不够准确，低于企业的真实价值。国内学者对于成本法的研究大多止步在分析该方法的优缺点，而未对成本法做出完善，成本法的弊端始终存在，这使成本法仅能在其特定范围内发挥作用，成本法在衡量企业价值体系中起到的作用也在逐渐减弱。

（2）现金流量折现法

现金流量折现法克服了传统价值指标的缺点，兼顾简洁性和准确性，是目前应用最为广泛、理论最为健全的一种企业价值计量方法。美国学者 Modigliani 和 Miiler（1958）提出了企业价值的概念，即企业价值等于按其与之风险程度相适合的折现率对预期盈利进行折现的资本化价值。科普兰教授（1990）阐释了自由现金流（FCF）的计算方法，自由现金流等于公司不包括利息收支的营业利润扣除实付所得税税金之后的数额，加上折旧及摊销等非现金支出，再减去运营资本的追加和厂房设备及其他资产方面的投资，即为公司所产生的税后现金流量总额。

现金流量折现法是建立在完全市场的基础上，通过预测公司的现金流并按照一定的贴现率来计算公司的现值，现值之和即为企业价值。公司去除利息收支的营业利润扣除实付所得税税金之后的数额，加上折旧及摊销等非现金支出，再减去运营资本的追加和厂房设备及其他资产方面的投资，即为公司所产生的税后现金流量总额，这种计量方法要求企业的现金流量是稳定、可预测的。按照企业现金流量的不同种类，现金流量折现法可以分成股利现金流量折现模型、股权现金流量折现模型和自由现金流折现模型三种，这三种方法的差别主要为预期收益的不同和折现率的选取不同。其中，自由现金流量折现法是最适合我国企业现状的评估方法，是基于公司的财务比率，再结合行业发展以及企业自身，对未来现金流进行预测的计量方法，自由现金流量的预测和折现率的量化决定了计量结果的准确性。该方法会随着我国市场监管体系的完善而逐步趋于完善，在未来会发挥出更大的优势，成为衡量企业价值的主流方法。

近 70 年内，国内外学者对现金流量贴现法进行了大量的研究，但是现金流量贴现法依旧存在不能反映企业灵活性来带的收益、假设存在不确定性等局限，现金流量贴现法的应用必须严格依托于企业的现金流量稳定，我国的企业会计制度很难做到。未来对于现金流量贴现法的研究应聚焦于减少现实对该方法的限制，健全会计制度，完善市场，尽可能的创造适宜的外部条件，塑造更好的企业价值计量环境。

（3）市场法

市场法是基于有效市场理论，分析待评估企业的实际状况，找寻适当的参照企业，选择待评估企业和参照企业之间相比较的各项评估指标进行量化，再对评估结果进行修正，得出待评估企业的企业价值。其计量结果最接近企业价值，是国际范围内应用十分广泛的计量方法，包括可比企业分析法和可比交易分析法。可比企业分析法是要选择在经营和财务方面与被并购企业相似的企业进行对比。在可比交易分析法中，要找到和被并购企业的经营状况相似的最近平均的实际交易价格作为基础，再选择和计算乘数，评估企业价值。除此之外，还包括现行市价法、功能价值类比法、价格指数法、成新率价格调整法、市价折扣法等。市场法的各项参数获得较为容易，评估结果也能够较好地反映市场价格，但市场法高度依赖于资本市场的完整程度，对评估人员的水平要求较高，该方法的重点在于找到尽可能相似的可比企业，获得可比企业的完整资料，对于市场起步尚晚的我国来说，寻找可比企业是市场法在应用中的最大难处，只有在我国市场高度发展，企业制度足够完善后，市场法才能成为广泛应用的企业价值计量方法。因此，市场法仅适用于市场比较稳定，有大量丰富交易案例的地区，并且交易案例与待估地块应有相关性和替代性。从适用条件来看，主要用于地产市场发达、有充足的具有替代性的土地交易案例的地区，交易案例甚少或无交易案例的地区则不适用。从评估目的和评估结果的形式来看，可直接用于评估土地的价格或价值，还可用于评估土地或房地产的租金，以及用于其他估价方法中有关参数的求取。

（4）实物期权定价法

随着我国经济的进一步发展和完善，传统的企业价值计量方法往往会忽略潜在价值且具有不确定性，因此，传统方法难以准确地衡量企业价值。而实物期权定价法可以很好地发掘企业发展中的不确定性，对企业赋予合理的期权价值，对投资等领域具有重大意义。基于此，实物期权定价法在近年来越来越受到重视。

实物期权具有利用市场均衡指导高度不确定竞争环境下战略决策的优点，而实物期权的发展方向应该是和其他决策方法相结合，共同探索如何进行不确定世界内的决策制定。实物期权模型认为，企业价值是由两部分组成的，一部分是企业直接产生的现金流量；另一部分是企业的投资项目为企业带来的成长机会。实物期权定价法是依据实物期权理论构建出的企业价值评估模型，给出企业动态管理的定量价值，确定公司的发展优势，最常用的计量模型为二项式期权定价模型以及 Black - Scholes 期权定价模型（B - S 模型）。

目前，我国的资本市场发展尚不健全，国内学者对于实物期权定价法的研究重点都在于结合我国市场经济特征，将该理论模型不断完善进而应用到实证分析中，逐步建立起适合我国基本国情的基于实物期权理论的企业价值计量体系，充分发挥实物期权的优势，填补我国现存企业价值计量体系的空缺，为衡量企业价值提供更多的选择。

（5）经济增加值法

经济增加值（EVA）作为一种价值衡量指标最早可以追溯到剩余收益法，通过计算经营净利润扣除资本与加权平均资本成本之积来计算经济的增加值，在评价企业经营业绩时扣去债务资本成本和权益资本成本，可以更好地反映企业为获取利润而使用资本的全部代价，并对会计损益表及资产负债表进行了适当的调整，避免了因会计程序和处理方法不同对税后经营利润和投入资本数值产生的扭曲，是一种业绩评价和激励系统，可以衡量企业的业绩。EVA 最大的优点在于着眼于价值创造的两个根本要素：溢价和投资资本，可以真实反映经营管理者运用投入资本的有效能力，评估企业的盈利水平，EVA 的目的也不是追求理论上的利润指标，而是改变经营方式，实现股东利益最大化。EVA 价值评估模型的基本原理是把传统现金流折现模型中的现金流替换成各年的 EVA，再进行折现求和，以此求得企业价值，现阶段研究以增长速度为依据，将 EVA 估值模型分为一阶段增长模型、二阶段增长模型和三阶段增长模型三类。EVA 大于零时说明企业可以真正创造其内在价值，

EVA 小于零时则意味着企业没有真正的创造价值，股东财富受到了损害。

EVA 法能基于企业的实际情况客观地评价企业价值体系，是现有计量方法中结果最贴近企业真实价值的，EVA 估值模型的优点在于它可以促进投资者逐步形成成熟的投资理念，削弱会计信息失真对企业价值评估的影响。EVA 法在国外的经济体系中评价结果较为准确，而由于我国市场经济尚在发展中，很多企业未能达到发达国家企业的经营水平，要想更好的在我国市场应用 EVA 法，就应该继续完善我国的企业体系，实现优化改革，并对 EVA 法进行基于我国市场体系的改变，使其更适合我国国情，能够更好的发挥作用。

2.1.2.3　企业价值衡量指标

企业价值的衡量指标有很多，本书将重点介绍比较常用的总资产报酬率（ROA）、净资产报酬率（ROE）、现金流量贴现法、经济增加值（EVA）、托宾 Q 等指标。

（1）总资产报酬率（ROA）

总资产报酬率等于企业税后利润总额除以企业的总资产平均额，它一般被用来衡量企业每单位资产的盈利能力，能够反映企业总资产的利用效率。总资产报酬率的计算公式如下：

总资产报酬率 =（利润总额 + 利息支出）/平均总资产 ×100%

其中，平均总资产 =（期初资产总额 + 期末资产总额）/2

总资产报酬率表示企业全部资产获取收益的水平，全面反映了企业的获利能力和投入产出状况。通过对该指标的深入分析，可以增强各方面对企业资产经营的关注，促进企业提高单位资产的收益水平。一般来说，总资产报酬率越高，表明资产利用效率越高，说明企业在增加收入、节约资金使用等方面取得了良好的效果；该指标越低，说明企业资产利用效率低，应分析差异原因，提高销售利润率，加速资金周转，提高企业经营管理水平。企业可据此指标与市场资本利率进行比较，如果该指标大于市场利率，则表明企业可以充分利用财务杠杆，进行负债经营，获取尽可能多的收益。但由于企业净利润的计算容易受到经济环境、会计计量方法、财务操纵等的影响，因而该指标存在一定的局限性。

（2）净资产收益率（ROE）

净资产收益率是指净利润与企业平均净资产的比值，该指标越高，说明投资带来的收益越高；净资产收益率越低，说明企业所有者权益的获利能力越弱。该指标是衡量上市公司盈利能力的重要指标，体现了自有资本获得净收益的能力。一般来说，负债增加会导致净资产收益率的上升。其计算公式为：

净资产收益率 = 净利润/平均净资产 ×100%

其中，平均净资产 = （年初净资产 + 年末净资产）/2

20 世纪初美国提出使用杜邦分析体系来进行企业财务分析，将净资产报酬率分解为三个部分的乘积，分解后的净资产报酬率可以从经营、投资和融资三个角度去深入考察企业财务状况，从而能更全面地反映企业对自有资金的利用效率。其杜邦公式如下：

净资产收益率（ROE） = 净利润/所有者权益 = 营业净利润率 × 资产周转率 × 权益乘数

销售净利润率 = 净利润/营业收入　　（盈利能力）

资产周转率 = 营业收入/总资产　　（营运能力）

权益乘数 = 资产总额/股东权益总额即 = 1/（1 - 资产负债率）

（偿债能力）

净资产收益率可衡量公司对股东投入资本的利用效率。它弥补了每股税后利润指标的不足。例如。在公司对原有股东送红股后，每股盈利将会下降，从而在投资者中造成错觉，以为公司的获利能力下降了，而事实上，公司的获利能力并没有发生变化，用净资产收益率来分析公司获利能力就比较适宜。但是，由于该指标的衡量仍然是以净利润为计算基础，因而也存在着和总资产报酬率一样的局限性。

(3) 现金流量贴现法 (Discounted Cash Flow Method)

现金流量贴现法是指把企业未来特定期间内的预期现金流量还原为当前现值。由于企业价值的真髓还是它未来盈利的能力，只有当企业具备这种能力，它的价值才会被市场认同，因此理论界通常把现金流量贴现法作为企业价值评估的首选方法，在评估实践中也得到了大量的应用，并且已经日趋完善和成熟。其计算公式为：

$$P = \sum_{t=1}^{n} \frac{CF_t}{(1+r)^t}$$

式中：P——企业的评估值；

n——资产（企业）的寿命；

CF_t——资产（企业）在 t 时刻产生的现金流；

r——反映预期现金流的折现率

从上述计算公式我们可以看出该方法有两个基本的输入变量：现金流和折现率。因此在使用该方法前首先要对现金流做出合理的预测。在评估中要全面考虑影响企业未来获利能力的各种因素，客观、公正地对企业未来现金流做出合理预测。其次是选择合适的折现率。折现率的选择主要是根据评估人员对企业未来风险的判断。由于企业经营的不确定性是客观存在的，因此对企业未来收益风险的判断至关重要，当企业未来收益的风险较高时，折现率也应较高，当未来收益的风险较低时，折现率也应较低。现金流量贴现法作为评估企业内在价值的科学方法更适合并购评估的特点，很好的体现了企业价值的本质；能通过各种假设，反映企业管理层的管理水平和经验。但尽管如此，现金流量贴现法仍存在一些不足：第一，从折现率的角度看，这种方法不能反映企业灵活性所带来的收益，这个缺陷也决定了它不能适用于企业的战略领域；第二，这种方法没有考虑企业项目之间的相互依赖性，也没有考虑到企业投资项目之间的时间依赖性；第三，使用这种方法，结果的正确性完全取决于所使用的假设条件的正确性，在应用是切不可脱离实际。而且如果遇到企业未来现金流量很不稳定、亏损企业等情况，现金流量贴现法就无能为力了。

（4）经济增加值（EVA）

经济增加值指从税后净营业利润中扣除包括股权和债务的全部投入资本成本后的所得。其核心是资本投入是有成本的，企业的盈利只有高于其资本成本（包括股权成本和债务成本）时才会为股东创造价值。经济增加值最早源起于美国，它是美国学者 Stewart 为了弥补传统会计利润指标的缺陷而提出的。它的计算公式如下：

经济增加值（EVA）= 税后净营业利润（NOPAT）- 资本成本（cost of capital）

资本成本 = 资本 × 资本成本率

EVA 的本质是企业经营产生的“经济”利润。相对于人们重视的企业“会计”利润而言，EVA 理念认为，企业所占用股东资本也是有成本的，所以在衡量企业业绩时，必须考虑到股本的成本。在 EVA 的指标体系中，最核心的是“资本利润”，而不是通常的“会计利润”。EVA 从出资人角度出发，度量资本在一段时期内的净收益。只有净收益高于资本的社会平均收益，资本才能“增值”，因而符合价值管理的财务目标。而传统的会计利润所衡量的是企业一段时间内产出和消耗的差异，而不关注资本的投入规模、投入时间、投入成本和投资风险等重要因素。EVA 指标改变了过去只有对外举债才需要支付利息而股东的投入无须付息的传统观点，指出股东的投入也是需要计算机会成本的，企业的盈利必须要超出其资本成本（包括股本成本和负债成本）才能为股东创造价值，才是值得投资的。

（5）托宾 Q 值

托宾 Q 值是指公司市场价值对其资产重置成本的比率，反映的是一个企业两种不同价值估计的比值。托宾 Q 值是目前衡量企业价值最常用的指标。其计算公式为：

托宾 Q 值 = 企业的市场价值/企业总资产重置成本

分子上的价值是金融市场上所说的公司值多少钱，分母中的价值是企业的“基本价值”，也就是重置成本。公司的金融市场价值包括公司股票的市值和债务资本的市场价值。重置成本是指今天要用多少钱才能买下所有上市公司的资产，也就是指如果我们不得不从零开始再来一遍，创建该公司需要花费多少钱。当托宾 Q 值大于 1 时，购买新生产的资本产品更有利，这会增加投资的需求；当托宾 Q 值小于时，购买现成的资本产品比新生成的资本产品更便宜，这样就会减少资本需求。所以，只要企业的资产负债的市场价值相对于其重置成本来说有所提高，那么已计划资本的形成就会有所增加。托宾 Q 值会在一定程度上影响企业的投资行为。因而，托宾 Q 值也被用于衡量企业长期的价值创造。一般来说，企业的托宾 Q 值与企业价值成正相关。

2.1.3　高层梯队理论

高层梯队理论是由 Hambrick 和 Mason 在 1984 年提出的，他们认为，由于内外环境的复杂性，管理者不可能对其所有方面进行全面认识。即使在管理者视野范围内的现象，管理者也只能进行选择性观察。这样，管理者既有认知结构和价值观决定了其对相关信息的解释力。换句话说，管理者特质影响着他们的战略选择，并进而影响企业的行为。因此，高层管理团队的认知能力、感知能力和价值观等心理结构决定了战略决策过程和对应的绩效结果。不过，管理者的心理结构难以度量，而管理者可客观度量的人口背景特征（如年龄、任期、职业、教育等）与管理者认知能力和价值观密切相关。因此，通过观察人口特征变量就可以客观地研究高层管理团队与企业绩效之间的关系。简而言之，管理者的不同特质会影响企业的财务决策，并进而对企业价值产生影响。高层梯队理论的特点是使用了易于测量和获取的人口统计特征来表征高层管理人员的心理特征，使高层管理者的许多特征很容易符合研究的“输入项”，为理论研究的方法论和实践应用都提供了新的方向。此后，高层梯队理论成为管理学的研究热点，很多学者基于该理论进行了大量的研究并提出了大量的研究成果。首先，Jason（1992）提出了管理者的异质性理论，他认为管理者不是完全同质的，其年龄、性别、受教育水平等方面的异质性会影响其对于财务决策的选择。其次，原来的模型主要考察的是高管团队对企业决策的影响，忽略了高管团队主要领导者（如 CEO）对企业决策的影响力。Hambrick（1994）对高层梯队理论进行了一次修正，概括出影响高层管理团队运营的主要因素应包括构成、结构、激励和过程四种因素，并在结构因素中加入了 CEO 或主要领导的核心作用，完善了原有的理论。孙海法、伍晓奕（2003）回顾了 1984—2001 年的实证文章，对高层梯队理论框架做出了相应的简化和修改，建立了高层管理团队运作效率研究的理论模型。该研究模型的提出，引发了中国学术界对高层管理团队的研究热潮。陈伟宏、钟熙、宋铁波（2018）认为，高管团队在企业的战略决策中处于主体地位，高管自身背景特征将对高管的风险偏好、认知态度、技能、对特定问题或某一客观现象的理解都会产生影响，进而影响组织内部创新意识以及企业的研发战略与成果。大量的学者基于管理者的人口特征（年龄、性别等）和管理者的心理特征（风险偏好、过度自信等）等会影响管理者的信仰、价值观、认知能力等的因素去实证研究管理者不同特质与企业行为和绩效的关系，得出了大量的成果。比如和女性高管相比，男性高管更倾向于高风险，因而会更偏好风险较高的企业决策；年龄小的管理者相比年龄大的管理者，风险承受度更高，更偏好创新的决策；学历越高，管理者的认知能力越大，从而更理性地进行财务决策；高管团队的平均任期越长，企业越倾向于保持原有的财务决策和战略；有过财务工作经历的管理者比没有财务工作经历的管理者更倾向使用负债融资。总之，管理者特质通过影响他们自身的财务决策，对企业的行为有着深深的影响（见图 2 -5）。

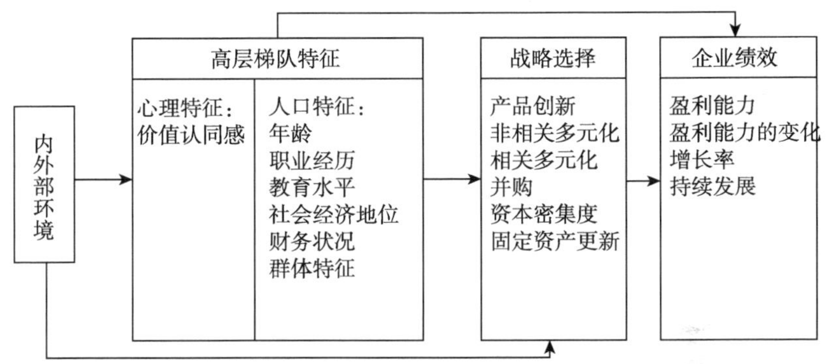

图 2 -5　高层梯队理论内容

2.2　文献综述

2.2.1　负债融资与企业价值

负债融资和企业价值的关系一直是理论和实证研究的重要关注点，负债融资作为一种融资手段是市场经济的必然趋势，在给企业带来利益的同时也伴随着潜在风险。关于负债融资对企业价值的影响，国内外现有的研究成果主要有以下四种观点。

（1）负债融资与企业价值正相关

国外研究方面，从理论研究来说，Modigliani 和 Miller（1963）指出，出于企业所得税对利息费用和股利分配的不同作用机制，不同的融资决策对企业价值的影响是不同，而且当企业所得税税率提高时，负债所带来的税盾效应更大，从这方面来说，企业价值和负债融资水平是正相关的。Ross（1977）基于信号传递理论指出，由于存在信息不对称，投资者无法获得准确的内部信息，如未来的投资收益和投资风险等，只能通过管理者的行为去评价企业价值，企业的外部融资结构的选择便是向外部投资者传递企业价值的一种重要信号，由于负债水平越高时，企业破产的概率越大，如果企业破产，管理者会遭受很大的损失，即投资者会认为，只有质量较高的企业才有实力去选择较高的负债率，因而如果企业负债水平上升，它传递的是对企业发展有利的正面信息，即企业价值与负债水平正相关。Antwi 等（2012）以加纳为例研究了新兴经济市场中资本结构与企业价值之间的关系，研究结果显示股权融资和长期负债融资都与企业价值相关，但是和股权融资相比，长期负债融资对企业价值的促进作用更强。

国内研究方面，陈晓、单鑫（1999）研究发现，企业的资本成本与企业的价值负相关，长期财务杠杆与上市企业加权平均资本成本和权益资本成本间的负相关关系意味着它与企业价值正相关。张慧、张茂德（2003）研究认为，我国上市公司的流动负债可以显著提高管理者业绩，同时，负债融资对于股东和管理者之间的关系也有正面效益。王凯、唐雄飞（2010）研究了房地产上市公司融资决策与企业价值的关系，研究结论指出，资本结构及盈利能力正面影响企业价值。何瑛等（2015）通过将 2008—2013 年我国 A 股上市公司作为研究对象，研究发现我国上市公司的负债融资可以降低企业代理成本，提高企业的价值。金静、汪燕敏（2017）选取 2011—2015 年我国深、沪两市的 A 股上市公司作为研究样本，研究发现全样本中，负债融资与企业价值正相关。区分产权性质以后，国有企业负债融资与企业价值负相关，而非国有企业负债融资与企业价值正相关。

（2）负债融资与企业价值负相关

国外研究方面，Booth 等（2001）研究了 10 个发展中国家的企业，探讨企业绩效与负债比率相互关系，对样本进行回归分析，数据结果发现负债比率受外界因素影响诸如通货膨胀率和资本市场发展水平等，除津巴布韦外的 10 个发展中国家中企业绩效与负债比率之间都呈显著的负相关关系。Zeitun 和 Tian（2007）基于约旦公司的数据，并且分别使用市场指标和财务指标进行衡量去研究负债融资与企业价值的关系，结果显示在两种衡量方式下，二者的关系都为负相关。Tito Cordella（2010）研究表明，发展中国家中政策和机构良好的国家，当债务净现值高于 GDP 的 20%～25%时，不利于企业价值的提升。Supa（2012）选择的样本是 2002—2009 年中国台湾 39 家房地产企业，收集其财务数据，建立动态 GMM 模型，进行多面板回归对企业的资本结构进行实证研究。实证结果显示如果企业价值较高，负债水平就会较低。

国内研究方面，张国兆、张庆（2006）选取了与大部分学者研究不同的指标，以会计利润为衡量企业价值的指标，进行实证研究发现企业负债率与绩效之间有显著的负相关。黄雷等（2010）分类讨论了我国上市是否完成股权分置改革对负债融资与企业价值关系的影响，研究显示负债融资与企业价值显著负相关，但是股权分置改革可以提高企业价值。张忆南（2015）实证检验了在创业板上市公司中，负债水平与企业价值的负相关关系。朱永明、石祐存（2018）研究发现，负债融资对于企业价值具有负向影响，而市场竞争程度对于负债融资对企业价值的负向影响具有控制作用，这种控制作用受到市场竞争程度的影响，市场竞争程度越激烈，则抑制负债融资对企业价值负向影响的作用越明显；反之市场竞争程度越弱，则抑制作用就越弱。陈咏英、胡阳（2019）选取中国旅游行业作为研究范围，采用多元回归分析法进行实证检验，结果显示，我国旅游类企业负债水平提高会导致企业价值的下降。

（3）负债融资与企业价值不相关

国外研究方面，Carpentier（2006）以法国公司的数据为样本，研究长期的负债融资与企业价值的关系，研究结果显示负债融资水平与企业价值不存在显著相关性，在控制了目标负债水平后，结论认为不相关。

国内研究方面，郭权军（2013）以辽宁省上市公司为样本，以托宾 Q 和净资产收益率为被解释变量，进行多元回归分析，结果发现企业的资本结构与企业价值关系不显著。赵云、李茂华（2014）研究发现，公司在有融资需求时，股权融资是首选，即便选择负债融资，也没有对企业价值产生正面影响；区分负债期限来看，流动负债能够带来企业价值的提升，而非流动负债对企业价值的贡献微乎其微；根据负债是否需要付息，将负债划分为有息负债和无息负债，重点考察有息负债对企业价值的影响，但是从研究结果来看，有息负债虽然能够抵税，却并没有带来企业价值的显著提升。

（4）存在最优资本结构

国外研究方面，最早提出最优资本结构的是权衡理论，随后 Jensen 和 Meckling（1976）、Warner（1977）的理论研究都证明了权衡理论，即存在使企业价值最大化的最优负债融资水平，低于该水平时负债融资与企业价值正相关，超过该水平时负债融资与企业价值负相关。Rubi Ahmad，Oyebola Fatima Etudaiye - Muhtar（2017）研究调查了在尼日利亚证券交易所上市的非金融公司对目标资本结构的动态调整。通过利用一个确定调整成本的框架，结果揭示了对最优资本结构的动态调整的存在，表明抽样公司试图使股东财富最大化。Strike Mbulawa，Nathan F. Okurut，Mogale Ntsosa，Narain Sinha（2020）研究采用动态资本结构模型来检验恶性通货膨胀和美元化时期（2000—2016 年）下的最优杠杆和调整速度的决定因素。研究表明，企业拥有最优杠杆率，而调整到这一资本水平需要成本。研究结果与静态平衡理论（STT）和代理理论的理论预测一致。所有模型的调整因子被发现至少是 0.475，并且在恶性通货膨胀下比在美元化下更高。

国内研究方面，马娟（2013）研究发现，基于静态权衡理论，公司存在一个最优的资本结构，明确了公司资本结构的安排与调整实质上是一个融资选择的问题。进而尝试对通常意义上的最优资本结构提出全新的切合需要的判断标准，即公司资本结构的优化应选取所有者投资报酬与综合融资成本差值最大作为判断标准，据此构建了存量层面上的最优资本结构目标模型及增量层面上的最优融资选择结构模型。姜涛（2014）对民营上市公司进行实证分析，研究后发现两者之间呈倒“U”形关系。郑慧开、谢赤、郑竹青（2015）采用沪深证券市场 A 股房地产上市公司 2009—2013 年的数据为研究样本，结果显示企业价值达到最大时所对应的最优融资结构即资产负债率等于 0.6918，所对应的优化融资结构区间为［0.6343，0.7495］。朱佳俊、周方召（2017）研究发现从市场份额的角度看，负债水平能提升企业价值，且负债水平与企业价值的关系曲线呈“U”形。张慧红（2018）研究发现，负债具有双重作用，债务的合理使用，能够降低企业的资本成本，但不能过度的使用负债筹资，因为这样会有增加财务风险。通过现有的理论可知，确实存在最优资本结构。企业应该客观地分析所面临的市场环境，借鉴西方的资本结构理论，结合企业自身的情况，才能找到确定最优资本结构的衡量标准和决策方法。文章分析了上市公司资本结构的影响因素，分类提出了确定最优资本结构的衡量标准和方法。

2.2.2　管理者特质及其对企业负债融资决策的影响

（1）管理者特质的概念

传统经济学理论在进行研究时，都建立在管理者是同质、完全理性且可以相互替代的前提下，伴随着高层梯队理论的提出，学者们发现管理者是存在异质性的，管理者性别、年龄、受教育水平、任期、风险偏好、早期生活经历、工作经历等的不同均会影响其对企业财务决策的决定。对于企业而言，管理者拥有企业资源完全的支配权，其财务决策的制定直接影响企业价值。基于此，国内外学者提出了管理者特质或管理者背景特征的概念。心理学研究发现，个人认知偏差的形成不仅与其自身的成长经历、学习经历、工作经历等有关，也与其感知外部事物时的客观环境和认知条件有关。管理者特质的界定涉及管理者早期的生活经历（如困难生活经历、从军经历）、教育背景、性别、年龄、任期、学历、知识结构、职业经历等这些个人阅历与特征，以及胜任力识别等管理者特质，这些容易出现的认知偏差。

（2）管理者特质对企业负债融资决策的影响

近年来，随着行为金融学的迅速发展，学术界已开创性地将行为学、社会学和心理学引入对企业决策的研究，学者们认为，管理者作为组织发展的核心力量，其认知水平与信息处理能力对企业决策至关重要。Hambrick 和 Mason（1984）基于人口学在管理者中的应用，提出了“高层梯队理论”，开创了管理者特质与企业决策研究的新思路。该理论认为，管理者的受教育水平、职业经验、风险意识等背景特征变量的不同，会引致管理者的思维方式及感知能力的不同，从而影响其决策过程中搜集和整合信息的能力，进而最终做出不同的企业战略选择。Murray 和 Vidhan（2007）在研究 CEO 薪酬体系对 CEO 负债融资决策选择影响的基础上，深入探讨了 CEO 的一系列个人特质（包括是否拥有 MBA 教育经历、工作任期的长短、教育程度）对负债融资决策的影响，研究结果显示，CEO 个人特质会显著影响企业负债融资决策。Bamber（2010）实证发现高层管理人员确实有独特的个性，从财务、会计和法律职业晋升的经理，第二次世界大战前出生的经理人以及持有 MBA 学位的经理表现出更为保守的信息披露风格，并且在控制了以前年度影响、公司个体效应和时间效应后，这种影响依然是显著的。Cronqvist（2012）实证发现，企业 CEO 在个人购房行为中的杠杆选择与企业的财务决策具有稳健的一致性，并且管理者的个人财富与年龄特征对公司的杠杆选择也具有显著的影响。

国内研究方面，姜付秀等（2009）以沪深A股上市公司为样本，分别从管理层团队和董事长两方面视角去研究管理者特质对企业过度投资行为的影响，结果显示管理者学历、年龄、教育背景和工作经历会对其过度投资决策产生影响。曹玉贵（2014）实证发现高管团队中男性越多、年龄越大、具有金融相关专业背景特征的管理者越多，企业的资产负债率水平越低，长期债务融资规模越大，并且在非国有上市公司中这种影响更加显著。葛永波（2016）研究显示我国上市公司管理者在年龄、性别、专业背景、任职年限上的差异会导致管理者具有独特的风格，而管理者风格会对企业投融资决策产生重要的影响。郭桂华（2017）以2009—2014年沪深上市公司为研究样本，并考虑了企业产权性质。结果显示，男性、受教育水平越高、有财务相关工作经历的管理者更加过度自信且更倾向于负债融资，并且非国有企业管理者的性别、受教育水平和财务工作经历对负债融资与企业过度投资关系的影响更加明显。吴梦云、张林荣（2018）研究发现企业高管团队的年龄、任期和专业背景特质对企业环境责任与企业价值的相关关系存在调节作用。并得出结论，企业积极承担环境责任有利于企业价值的提升，并且可以通过优化高管团队成员的特质以期提高企业环境责任的履行，进而提升企业价值。郭雪萌、梁彭、解子睿（2019）以我国2010—2017年沪深A股上市公司为样本，研究了高管薪酬激励对资本结构调整与企业绩效的影响，并分别验证资本结构调整速度、偏离程度是否在高管薪酬激励与企业绩效二者之间的关系中发挥了中介效应。研究发现，高管薪酬激励会显著促进资本结构调整及企业绩效提升，资本结构调整发挥了中介效应。区分企业负债水平研究发现，这种作用在过度负债的企业更为显著；进一步研究发现，高管薪酬激励在非国有企业、国有企业、央企下属公司均有体现。

第3章 中国房地产上市公司资本结构特征及其特质性分析

资本结构不仅是企业融资决策的选择，也反映出企业的经营策略与战略思维。具体对中国房地产企业而言，由于中国房地产行业的发展历史短、受宏观政策影响大，有别于一般的工商业企业，中国房地产行业的资本结构有鲜明的行业特征，资本结构有其显著特质。本章主要阐述中国房地产行业的基本状况和融资结构特征，并分析中国融资环境对房地产企业发展的制约，以及中国房地产企业融资环境面临的金融风险。

3.1 中国房地产行业的基本状况

房地产行业指的是从事房地产开发、销售、物业管理等业务的行业，该行业属于综合性产业，所经营的业务类别多。经过多年的发展，该行业已经成为我国的支柱性产业之一。该产业存在如下特点。

3.1.1 房地产行业资产负债率持续增长

房地产企业属于融资密集型企业，由于周转周期长，一直是负债经营的典型。根据 Wind 数据显示，截至 2018 年 6 月 30 日上市房地产企业资产负债率为 79.46%，创下了自 2005 年以来的新高。其中，鲁商置业的资产负债率最高，达到 94.35%，其他参与统计的 148 家上市公司，有 39 家公司超过行业均值。万科、保利、绿地作为房地产行业的龙头企业，其资产负债率在 75% 以上。企业资产负债率高，说明企业资金来源于债务的资金多，而来源于所有者投入的资金较少。房地产企业持续增长的高资产负债率，不仅使企业融资成本增加，同时会导致财务风险相对较高。

3.1.2　资金需求大，回收周期长

相比其他的开发项目，高负债高杠杆经营是房地产业的一个显著特点。房地产项目需要投入数额巨大且流量稳定的资金，但是，仅依靠房地产企业自身的资金是不足以完成项目开发与建设的，通常情况下还需要向外部进行融资，主要的融资方式就是银行借款。而且，房地产开发项目涉及多个环节，包括土地开发、房产建设、设施建设等，并且很多环节的顺利实施都需要政府配合，整个项目的建设周期相对较长。通常情况下，房地产项目从开发到最终的资金回收经过的时间为 3 ~ 5 年，并且，房地产企业往往是同时开发多个项目，而这种高负债高杠杆且回收期长的经营对企业资产链提出了更高的要求，一旦企业的现金链断裂将会产生很大的影响。

3.1.3　产业关联性大，先导性突出

在整个产业链中，房地产业处于中端位置，和很多上下游企业之间有着非常密切的联系，比如建筑行业、银行等，这些产业的发展和房地产行业之间存在十分密切的联系，而房地产业的发展波动也会对整个产业链造成严重的影响。作为国民经济的支柱性产业，房地产业有十分明显的拉动作用，该行业的发展情况会对多个产业造成较大影响，甚至会影响整个国民经济体系。

3.1.4 流动性较差，地域性明显

房地产为具有较高价值的不动产，基于房地产产品的物理固定性特征而决定了房地产市场有着明显的地域性特征。因此，即便是处于相同的区域，所处地段不同、周边配套环境不同都会导致房地产价格的不同；所处区域不同，当地的经济水平也会对房地产市场的供求、价格等产生影响。房地产产品有着比较差的流动性，因此，各地的房地产产品是不能互相替代的，购房者也只能在房产所在地使用房产，因此，该产业有着明显的地域性特征。

3.1.5 与政府关系密切，易受宏观调控影响

政府的政策方针会对房地产业的发展造成很大影响，包括土地的获取、项目的审批等，这些都需要政府参与。尤其是在很多地区，土地出让成为政府财政收入的重要来源时，房地产行业与政府之间的这种联系更加密切，也因此，如果针对房地产行业出台专门的宏观调控政策，尤其是调控力度较大时，将会导致行业出现大幅波动，同时，基于房地产行业的特殊性，也需要政府进行调控、监督。

3.2 中国房地产行业上市公司资本结构的融资特征

本书研究的资本结构主要指企业债权资本与股权资本的比例关系，其中企业的融资结构直接影响债权结构，因此本节从中国房企的融资渠道分析融资结构，进而得出中国房企的资本结构特质。当前，中国的房地产企业主要从银行贷款、房地产信托、资本市场融资以及债券等融资渠道获得外部资金。2010 年以来，房地产委托

贷款数额增长迅速，但从委托贷款占房地产企业全部融资额的比例来看，委托贷款仍然是较小的一个融资渠道。本书对银行贷款、房地产信托、资本市场融资这三种主要的传统资金渠道进行综合分析。银行贷款和自筹资金是我国房地产企业融资的重要渠道，而股权融资只是房地产上市企业可以采用的融资渠道，对大部分非上市房地产企业而言，融资还是主要依靠银行贷款和内部资金。2015—2019 年我国房地产开发资金直接来源于银行贷款的比例比较稳定，自筹资金的占比呈小幅上升趋势，利用外资占比以及其他资金占比也相对稳定。

3.2.1　中国房地产企业可行的融资渠道

3.2.1.1　商业银行贷款

房地产企业项目实施的三个阶段是项目拿地、建设期和销售期。第一阶段项目拿地，对房地产企业的融资要求较高。因为这一阶段没有实质抵、质押物，所以融资渠道也比较单一，主要依靠企业自有资金和股东借款，融资风险较大。接下来第二阶段建设期，房地产企业取得项目四证以后，可以用土地使用权以及在建工程通过银行抵押融资，取得贷款，项目融资风险较小。第三阶段销售期，资金来源的主要途径是购房者首付款以及按揭贷款，而购房者大多是向商业银行进行按揭贷款来购买住房，所以这阶段资金将近 60% 的比例也是来源于银行贷款。银行贷款一直以来就是房地产企业最重要的融资渠道。

据 2019 年国家统计局的数据，房地产企业的资金 14.1% 直接源于银行贷款，自筹资金所占比例为 32.6%，其他资金占所占比例为 53.2%。2015—2019 年房地产开发资金来源情况如表 3－1 所示：

表 3 - 1　　2015—2019 年房地产企业资金来源情况

指标	2019 年	2018 年	2017 年	2016 年	2015 年
房地产开发企业本年实际到位资金（亿元）	178608.59	166407.11	156052.62	144214.05	125203.06
国内贷款（亿元）	25228.77	24132.14	25241.76	21512.4	20214.38
利用外资（亿元）	175.72	114.02	168.19	140.44	296.53
外商直接投资（亿元）	—	—	—	132.53	286.08
自筹资金（亿元）	58157.84	55754.79	50872.22	49132.85	49037.56
其他资金来源（亿元）	95046.25	86406.16	79770.46	73428.37	55654.6

数据来源：国家统计局。

根据国家统计局提供的数据显示，通过对中国房地产企业2015—2019 年的资金来源进行总结（见表 3 - 1）可以发现，房地产开发企业本年实际到位资金，由国内贷款、利用外资、自筹资金和其他资金这四部分组成；当前统计口径下的“其他资金”主要由购房者的定金、预付款和个人按揭贷款三部分构成。而大部分购房者也是通过向商业银行贷款购买住房，所以导致这类资金约 60% 也来源于银行贷款。由此可见，我国房地产企业的资金来源主要是向商业银行等金融机构贷款为主。

商业银行贷款存在优势也存在劣势。银行贷款的优势主要表现在以下几个方面：

①在正常情况下，资金来源较有保障。在中国金融体系中，银行发挥着最为重要的核心作用。虽然近年来各种非银行金融机构发展迅猛，但是目前仍然无法撼动银行作为国民经济中金融服务最主要提供者的地位。

②银行贷款资金成本相对较低。与房地产信托、债券等融资方式相比，银行贷款资金成本相对较低，一般只有信托资金成本的50% ~60% 左右。随着国内房地产市场的深化发展，房地产企业将逐渐从粗放的发展模式转化为精细运作的集约型发展模式。在

1998—2010 年这段房地产企业“野蛮生长”的阶段，由于国民经济对房地产行业的依赖、国内巨大的住房需求以及通货膨胀所导致的投资、投机需求，房地产市场是绝对的卖方市场，只要把产品生产出来，甚至只要有土地就能获得稳定的销售回笼和高额的投资回报。房地产企业大多粗放经营，不注重融资成本。但是 2010 年以来的这波调控将成为中国房地产行业整合和洗牌的开始，暴利时代即将终结，房地产行业将逐步回归行业平均利润率水平。尤其在 2016 年之后，随着限购限售等调控政策的出台，导致房地产市场出现观望情绪，销售量和房价随之下降。在这种情况下，资金成本将成为土地成本之外房地产企业必须慎重考虑的因素。因此，与房地产信托等高成本融资相比，银行贷款仍然是有可能从银行获取资金的大中型房地产企业的首选融资渠道。

③银行贷款渠道成熟。与其他融资渠道相比，银行贷款是最为传统、最为人熟知、操作方式最成熟的融资方式。国内银行金融机构均有房地产贷款非常成熟的审批、放款、监管流程和经验，因此在操作层面上更为便利。

但是，银行贷款在具有明显优势的同时，又具有与生俱来的天然劣势。银行贷款的劣势主要在以下几个方面：

①具有较大的政策波动性。银行是国民经济的核心行业，也是国家进行宏观经济调控的引擎，设计整个国民经济的方方面面，国家制定的货币政策都必须通过银行系统向其他行业进行传导。正是因为银行特殊的经济和政治地位，因此总成为政策传导和监管的第一环节。

②合规性要求高、用款方式不灵活，受监管较多。合规性要求高、用款方式不灵活是银行贷款的最大劣势。银行贷款面临较高的合规性要求，比如目前银行房地产开发贷款要求房地产开发企业必须具备“四证”，即国有土地使用权证、建设用地规划证、建设工程规划许可证和建筑工程施工许可证，否则不能审批和提款。同

时，房地产开发企业必须具备相应房地产开发资质，自有资金和已投入资金满足 30% ~50% 的比例等。并且，按照银监会《固定资产贷款管理办法》，房地产开发贷款必须按照项目工程进度提款，贷款必须按照实贷实付原则进行投放。在还款安排上，一般要求按销售进度还款，比如销售到 30% 开始还款，销售到 75% 左右贷款还清。由于按工程进度投放和按销售进度还款，贷款存续期间贷款数额其实会比贷款审批数额有较大差距。

3.2.1.2 房地产信托

信托是“受人之托，代人理财”，发达国家的信托业务非常的成熟。房地产信托是指信托的委托人将其财产交付信托机构，信托机构按委托的意思进行与房地产有关经济活动的财产委托关系。作为房地产企业来说，这种财产委托关系就为其融资提供了一种非常重要的融资渠道，房地产企业可以将其符合信托要求的项目与信托机构合作，运用信托资金，填补一部分资金需求，同时也为信托的委托人实现其委托目的，如实现较高的资产管理收益。国内的房地产信托目前主要有如下三种形式。

第一种，就是房地产贷款信托。最初的房地产贷款信托并未严格要求房地产项目四证齐全，房地产企业在拿到一块地，就可以拿土地进行抵押，获得信托贷款，当时信托贷款的门槛较银行开发贷款的门槛要低，当然成本也高。后银监会要求贷款类信托也须满足“四证”齐全和自有资金条件，并且要求房地产企业达到“二级”以上的资格，这个一般上规模和有一定经营历史的房地产公司都能达得到。四证齐、30% 的自有资金和二级资质就是信托融资业务中普遍提到的满足“四三二”的要求的简称。这种情况下，房地产企业的同一个项目通过信托贷款和银行贷款需要的条件其实是一样的，时间也没有先后，企业在能够获取银行开发贷款的必定首选银行开发贷款，只有企业因授信和银行信贷规模等限制无法获得银行开发贷款的情况下，才争取做信托贷款。

第二种，房地产股权信托，这是一种金融创新。信托公司按照单一委托人或集合资金委托人的意思，用信托资金对房地产项目公司进行增资或者购买原股东的股权，实现资金进入房地产企业。信托公司在设计股权信托的时往往采用结构化安排，即让融资方与房地产企业参与其信托计划，担当次级信托委托人和受益人，而通过募集的资金作为优先级受益人，优先级受益人可以得到优先的保障，信托协议往往规定，优先级受益人可以在规定的期限以明确固定的回报率退出信托计划，而次级受益人可以获得除优先级受益人的固定回报率之外的超额回报率，这种进行了结构化安排的设置有优先级股权的股权信托模式实际上是“名股实债”，表面上看是信托代表投资人持有目标公司的股权，也设置一定的董事席位，信托也要求目标公司修改公司章程，甚至派遣财务总监类似的人员进驻目标公司，进行一定的参与和监管。但信托公司一般很难真正地主导企业的经营，只是对其投入的资金进行跟踪和监督，保证其安全性罢了。该种优先股权信托所设计的信托融资模式是一种结构化的安排，让信托投入的资金所代表的股权以一定的期限、一定的收益退出，不管项目建设和销售周期是否真正完成，它到期都要退出，而且，它的退出只是按照合同约定获取固定的收益，项目经营的利润再丰厚，信托也只得到其约定的固定收益。所以说优先股权信托融资本质上可以理解为债务性融资。国家曾经出过政策，禁止四证不齐的项目进行股权加回购的融资模式，不允许房地产公司一拿到土地，就让信托资金以增资或购买股权的形式进来替换大股东支付的土地款，同时附加大股东承诺到期回购股权实现其退出的信托模式，就是为了避免房地产公司过度地重复融资，防止其将财务杠杆无限放大。

第三种，房地产投资信托基金（REITs）。REITs 是将房地产投资信托进行证券化的形式，信托基金投资房地产是一个无固定期限的，各种投资进行配比，从而使信托的委托人不再是一单信托完成就结束了，而是信托的委托人成立基金的股东，从而可以长期持有，也可以通过成熟的交易平台将基金份额变现。目前国内尚未开始 REITs 的实践。国外的房地产信托基金一般偏好于成熟的有稳定的租金收益的物业投资，配比一定比例的物业开发投资，其中投资成熟物业的资金比例要占大部分，投资开发的资金只是一小部分。投资开发的要求会非常高，一般要求目标项目的利润很高，共同投资、共担风险、共享收益。而在市场形势和金融形势好的情况下，真正这种非常优质的项目国内的银行都以一定的形势消化掉了，业主也不愿意让基金进来按投资比例分享利润。但 REITs 有其的优势，其有非常好的管理和运营机制，帮助投资人管理好资金，同时可以进行交易，投资人的退出非常方便，可以让愿意投资房地产而又没有能力真正来参与经营的人参与到房地产投资领域中来。我国因为还缺乏产业基金的立法和交易细则，也没有建立房地产信托基金的统一交易平台，所以还没有真正的 REITs。有些公司和机构进行过尝试，但最多也只是准 REITs。

房地产信托指的是信托投资公司通过进行信托计划从而筹集资金，用来实行房地产开发项目，资金委托人则依据所持有的受益凭证获得相关的收益。在房地产企业融资活动中，房地产信托一直担任着重要的角色。类 REITs 是 REITs 在我国本土化的产物，中国自 2002 年提出要发展房地产信托业务到 2014 年发行第一单类 REITs 产品，经历了 12 年的时间。截至 2018 年 12 月，国内已成功发行类 REITs 产品共 43 单，发行规模达 903.2 亿元。据北大光华管理学院 REITS 课题组预测，如果用 REITs 规模占 GDP 的比例，以及 REITs 规模占股票市值占比比例作为参照，中国如果达到成熟市场的水平，标准化公募 REITs 市场规模将达到 4 万亿元到 12 万亿元，REITs 未来发展潜力巨大。

房地产信托与银行贷款相比，具有明显的优势：

①提前盘活土地资金沉淀。房地产银行开发贷款要求房地产项

目已付清土地款，并取得项目“四证”，这对于房地产企业项目开发前期资金需求提出了较高的要求。而房地产信托对房地产企业是否付清土地款以及是否取得项目“四证”要求相对较低，虽然目前贷款类信托也已经要求项目“四证”齐全以及开发公司具备相应资质，但信托的模式设计非常灵活，完全可以绕开政策限制，实现信托融资。如信托可以将“四证”齐全、自有资金到位和具备相应资质的子公司作为融资主体满足合规性的要求，同时可以约定将资金用于另外一个子公司的项目上。

②可以为房地产开发提供全流程服务。从房地产企业拿地开始，信托可以为房地产开发企业提供全流程、全方位的一站式服务，包括市政规划、拿“四证”和预售许可证、销售乃至到最后收购成熟物业。

③相对银行贷款受监管较少，用款更为自由。信托一直以来受银监会监管较少，在信贷资金使用方面比银行贷款受限制较少。虽然近年信托投放过快引起监管层的警觉并开始执行较之前严厉的监管措施，但是相对银行贷款所受的层层监管相比，信托资金的使用方面相对还是比较自由的。银行的开发贷款要求开发贷银行时时监管，防范企业资金挪作他用，控制和监管信贷资金和销售回笼资金，当销售达到一定比例时要求开发企业开始归还贷款，达到一定的销售比例时全部还清。而信托资金对融资方来说成本高，同时资金的使用效率也相对较高，一般信托募集完毕，落实好抵押质押措施后成立，资金进入企业就开始高效运转，监管往往请合作银行代为监管，往往只能达到形式上的合规，只要不出现商务条件中约定的触发信托提前解除的重大不利情况，信托一般都是到期兑付，信托存在期间用款相对比较自由。

④为企业放大了财务杠杆。虽然房地产信托的成本表面上高于房地产开发贷款，但是综合提款时间节点、用款方式等因素综合考虑，房地产信托给房地产开发企业带来的综合回报是比较高的。因

为信托的介入，尤其是股权类信托的介入，帮助开发企业达到了银行开发贷款的要求，弥补了开发企业前期资金的不足，或者置换了大股东的前期投入，大股东将前期投入抽回进一步投资，从而用更少的资金撬动了更大的开发规模，还撬动了银行贷款，大大提高了自有资金的使用效率，尽早实现销售和资金回笼，加速了资金周转。因此，综合来看，信托融资从某种意义上讲提高了企业资本金的使用倍数，撬动了更多的资产进行高杠杆的运作。

同时房地产信托也存在劣势：

①融资成本相对较高。信托融资成本视当时的资金市场的状况变动，但一般都接近甚至是银行开发贷款的 2 倍，如上所述，当前开发贷款往往基准利率上浮 20% 后约在 8%，而信托的年化成本往往在 15% 以上，有的企业甚至达到 20% 以上。因为信托融资的实现包括投资人的收益、信托公司的信托报酬和融资顾问费、如果通过银行来发行的，往往银行收取的渠道费高于信托公司的信托报酬，所有的这些费用最终都由融资方来承担。虽然融资方利用信托资金可能博取了更大的利润，但如此之高的融资成本势必给经营带来不小的压力。

②增大了房地产企业的经营风险。贷款类信托和名股实债类的信托融资不像真正的股权融资，信托贷款和名股实债类的信托我们可以统称为融资类信托，他们是需要到期就还的，而真正股权信托是到项目竣工结算完毕后分红结束的，然而目前融资类信托是占有大半壁江山。原因就是投资人往往更偏向于获取稳定有保障的收益，而且收益并不低，远远超过 CPI 的增幅，比银行的定期存款和银行理财产品要高很多，普通的投资人已经认可了，只有很少非常专业而且是风险偏好者愿意成为真正的投资人，跟着项目运作到结束分享实际利润。信托融资一般 1～2 年，超过 2 年很难募集到理想资金的规模。

对房地产企业来说，房地产产品开发周期长，从招拍挂获取土地，支付土地款到申报规划往往至少半年多的时间，如果涉及拆迁等不可控因素时间更长，项目开工建设又是复杂系统的过程，销售受到市场等各种因素的影响。往往上述的融资类信托到期了，资金回笼还只够项目建设的持续支出，偿还信托成了巨大的压力，一旦兑付有问题，企业将面临巨大的风险，一般信托条款中为了避免融资方的违约，确保信托的到期兑付，往往设定了非常严重的惩罚条款，以增加融资方的违约成本，但当各种因素促成了违约，风险就非常大。

③目前的信托流动性低，变现能力差。目前的房地产信托只能是借助信托为房地产项目进行的融资，没有信托计划的二级市场，信托计划不可流通，流动性较差。对于房地产项目，如果信托计划到期，由于种种原因，开发商如果不能按期偿还信托本金及收益，会出现兑付危机并引发社会问题。同时，一般信托计划都是通过银行渠道代销，信托购买人一般会要求银行承担连带责任，使银行面临较大兑付风险。

3.2.1.3 资本市场融资

资本市场融资是一般是指发行股票融资，发行股票融资是一种主权性融资，区别于债权性融资，企业需要将公司的部分股权交付给投资人，而不是简单的借贷关系。股票融资可以迅速筹集大量资金，增加企业的资本金，实现企业规模的扩张；也可以分散企业的风险，提升企业知名度，使企业净资产在迅速成倍增长，也有利于企业盈利能力的提高，从而为培养我国的大型房地产企业集团提供了资金基础。国内很多大的房地产集团都成功实现了境内外上市，如万科、中海、恒大等。

2008—2015 年大量房地产企业实现首次公开发行股票（IPO），主要是借地产红利实现，在此之中有商贸物流城、产业新城、产业市镇等多类概念。2010 年，对于 A 股房地产股票市场融资而言，无疑是其冰封之年。IPO 完全暂停并且增发再融资和借壳上市基本上也都停止。2010 年中国 A 股市场中公布了定向增发预案的房地产企业有 32 家，其共预计增发数量有 82 亿股，募集资金达到 732 亿元。但除刚泰控股的预案计划未经股东大会通过，实达集团、深振业、世茂股份、招商地产停止了增发，其余房地产公司都一直等待证监会核准。2010 年 10 月 15 日，为贯彻国家对房地产行业的调控政策，证监会宣布对已经受理的房地产类重组申请征求国土资源部意见，并对房地产企业重组电请暂缓受理。2011 年全年主业为房地产的企业在国内 A 股上市的几乎没有。A 股市场 IPO 和港股市场 IPO 是中国地产企业上市的两大主要市场。截至 2018 年 5 月，40 家上市房企完成融资金额 451.17 亿元，环比 4 月减少 41.34%，融资总额更是自 2017 年 5 月以来的最低。与此同时，房地产企业 IPO 也持续处于收紧状态，在上交所排队的 5 家房地产拟 IPO 企业，均较 3 月再次出现了审核排序下滑，最大下滑幅度达到了 16 位。

上市分为首次公开发行股票（IPO），对于那些无法 IPO 的企业而言，借壳上市也是不错的选择，企业上市，实现资本市场融资优势明显：

①提供充裕的资本金。房地产开发项目从整个周期来看，最需要资金的期间是在最初的土地储备和建设期间，而建设期间往往可以引进银行开发贷款，达到预售条件后还可以拿销售回笼的资金转投入项目建设中，所以说最需要资金的期间是项目初期，土地储备要沉淀大量的资金，目前国内普遍要求土地招牌挂之后，2 个月内需要付清所有的土地出让金。没有资金实力的企业是无法实现大量的土地储备和规模扩张的。而信托、银行贷款等融资方式获得的资金往往要专款专用于项目建设，银监会明确禁止用于支付土地款。因此通过股票发行实融资为企业提供充足的资本金，对企业规模扩张实现大发展至关重要。

②有利于完善现代企业法人治理结构，规范企业的管理，为企

业做大做强提供管理保障。当前很多企业在特殊的时期特殊的市场机遇中实现了原始积累，而当企业做大到一定的程度后，管理成了企业发展的瓶颈。企业上市后，公司股权被分散，企业的决策机制发生了变化，避免了股权集中在少数股东的手中，重大经营决策“一言堂”的风险。上市公司章程明确规定了股东会和董事会及经营层的权限范围，不同层面的决策权限将由不同层面的权利机构来完成，使企业的经营管理更加的规范化。并且，上市公司通过定期公布财务及其经营情况，同时接受社会公众、政府监管部门的监督，有利于经营者提高经营和管理水平。

③有助于企业提高知名度。上市公司可以说都是国内各行业中经营状况较好且信誉度较高的。因我国数量庞大的股名的关注，上市公司无形中扩大了的知名度，有一种强大的广告效应。

④相比债务性融资，没有需要支付利息的压力。企业上市后，将提高其信用状况从而有利于今后的再融资，所获取的资金不需要定期支出利息，具体怎样分红派息则依据该企业具体经营情况及资金充裕状况决定。相比债务性融资，没有利息支付的压力。

股票融资对房地产企业来说是一把双刃剑。上市对房地产企业意味着获得更多的发展机会，同时也会承担更多的风险。所以对于房地产企业而言，股票融资也有其自身的劣势：

①企业上市要求的高透明性让开发企业内部问题暴露，必须进行必要的信息披露，使某些本来是公司内部秘密的信息必须被公开。目前房地产企业被推在风口浪尖，成为敏感地带，般企业都会出现的一些常见问题，往往被媒体和社会公众无限放大。上市企业在知名度扩大的同时，必须要面对相对媒体和社会公众的巨大压力。

②房地产行业风险影响其股票融资的可能性。其本身周期长、受到国际国内市场和国家政策影响比较大，房地产行业风险使很多有实力的投资者对房地产企业的投资犹豫不决，制约了房地产企业

的股票融资的实现。

③买壳上市也存在很大问题。主要是两方面，一方面买壳之后，增发需要证监会的批准，如果国家严控房地产融资，则买壳也就单单买了一个壳，而无法实现融资；另一方面有可能壳本省存在很多问题，接盘以后会发现很多潜在的问题，如果不能实现融资，则得不偿失。买的壳也就是一个空壳，没有达到上市的目的。

3.2.1.4 房地产企业其他常见的融资渠道

①委托贷款。银行开发贷受到各种限制之后，很多房地产企业通过寻找有闲余资金的企业通过银行或信托进行委托贷款。委托贷款一般是受托人按委托人的意思将委托人的资金贷给借款人，同时负责资金的监管和本息的收取。在该种融资方式中，作为受托方的银行和信托公司可以减轻风险，一般审批都比较容易。但相关规定明确要求，给予房地产企业的委托贷款，要视同银行的开发贷款，要求达到四证齐全、自有资金到位和符合相关资质要求，同时很多还要占用银行的信贷规模。另外，有大量可用资金的委托贷款的委托人往往是一些上市公司及一些央企，这些企业的财务制度非常严格，资金在账上不去打理收益没有责任，如果一旦为了创收进行放款哪个环节操作出现一点问题，责任非常之大，所以管理层通常为了避免风险而不愿推动。民营企业资金特别宽裕的非常少。所以委托贷款虽然是一种好的融资方式，但真正可以实现的融资却非常少。

②债券融资。符合条件的公司可以通过发行债券的方式募集资金，实现融资。发行公司债是成本低，期限长的融资模式，是房地产企业向往的融资渠道。发行债券对房地产企业来说，成本比开发贷款略高，但比其他如信托之类的融资成本要低很多。但公司债的发行条件门揽比较高，尤其是需要证监会的审批，审批的难度非常大。在目前的政策导向下，国家不可能在收紧房地产融资的主要渠道的同时又放开其他的融资渠道。因此，国内发债和短期内通过境

外上市进而发行债券的融资难度也非常大。

③房地产典当。房地产企业用土地或其他资产进行抵押从典当公司获得短期资金也是一种可行的融资方式。但从事房地产典当的典当行需要注册资本在 500 万元以上，房地产抵押典当单笔金额不得超过其注册资本的 10%。房地产企业融资动则几千万上亿，典当行一般很少有这样的实力。典当融资的成本非常高，月息往往至少都在 3% 以上，不是房地产企业融资的长久之计。另外抵押品需是土地使用权或房屋产权，在建工程不可抵押，融资可以运作的空间非常小。只适合短期小的资金需求者使用。

④金融租赁。各大银行体内都设有金融租赁公司，一般针对飞机、船舶等大型设备进行融资。近年来涉及房地产的创新业务也在开展，例如金融租赁公司针对商用物业的配套设备包括电梯、空调等标的较大的设备，有租赁公司购买，房地产企业通过每月还本付息逐步还款，最终支付完所有的对价取得这些大型设备的产权，但房地产企业的产品成本中往往土地和土建成本占主要部分，大型设备比重较少，尤其是开发住宅为主的房地公司更少，所以金融租赁对房地产企业尤其是以住宅为主的房地产企业来说操作的空间比较小。也有租赁公司尝试将商用物业作为标的，进行金融租赁业务，但是考虑到不动产交易涉及税务成本比较高，例如契税来回两次交易，成本非常高，还有政策风险，但加上金融租赁融资需要交纳一定的保证金，不断的还本付息，可用的资金很少，实际融资成本很高，一般很少采用。

⑤合作开发融资。房地产企业的合作开发融资是与一个或多个投资者合作共同开发房地产项目。一般是共同投资成立合资项目公司，然后通过合资项目公司进行房地产开发，各投资者按照出资比例分享合资项目公司的利润与风险。合资开发、前沿货币合约和房地产辛迪加是房地产企业合资开发的三种主要类型。合资开发一般是开发商以转让土地使用权为条件寻求出资人，共同进行房地产投

资开发，共享利润，共担风险。前沿货币合约指开发商出土地、人才和技术，其他投资者出资金，成立合资公司。出资金的投资者在此处充当贷款者角色，其将投资分期收回，并获得利息。辛迪加指的是由经理合伙人与有限合伙人组成的房地产团队，其中经理合伙人经营房地产日常管理，负无限责任，有限合伙人享有公司所有权，但不参与公司日常经营管理，负有限责任。合作开发的优势在于合作开发可以缓解资金压力，还可以转移风险。合作开发也有一定的劣势：合作开发成功的关键在于寻找合适的合伙人，一般这需要很大的财力、物力、人力，而且合作开发的项目利润越大，房地产开发商要分出去的利润也越大。

⑥回租融资。回租融资指的是房地产开发商将自己开发的物业出售出去，然后再将其租回经营。这样，开发商既能获得一定的资金，又可以继续利用原有的物业进行生产经营以获取利润。

3.2.2 房地产企业融资结构特征

不同的融资决定了企业的债权结构。Grossman & Hart 担保模型认为，债务某种程度了承担了担保机制作用，它可以促使代理人更多的为公司利益考虑，而不是过多追求个人享受。Harris & Ravi 债务缓和模型认为，代理人与债权人（股东和债权人）之间存在一定的矛盾：由于利益上的冲突而导致经营决策分歧。该模型认为，即使公司出现问题，停业清算对股东更为有利，代理人仍会想法设法使公司继续当前的运营，而这种冲突是无法通过建立在现金流量和投资费用基础上的契约来消除的。但是，由于债务的存在，债权人有权强迫现金流量不佳的企业停业清算，这缓和了上述矛盾。Myers & Majlif 模型认为，可以利用融资结构来缓和由于信息不对称而导致的企业投资决策失效问题，当一家公司增发新股的信号反馈到资本市场，该公司的股价会下跌。所以，一家公司的新项目融资一般是利用内部资金或低风险债券筹得的。因此，非常有必要分析我国房地产企业的融资结构特征。

3.2.2.1　直接融资和间接融资

直接融资是指资金供求双方直接实现资金的融通行为，不需要通过中介进行。通常直接融资需要一些融资工具，通常有商业票据、直接借贷凭证、股票和债券。

直接融资的优势主要有：其融资成本相对而言比较低，资金的供求双方有着直接且密切的联系，有助于资金的合理配置利用，优化资源配置。同时，直接融资也有一定的局限性：由于直接融资中资金供求双方有着直接的联系，因此其资金的数量、期限和利率等因素会受到较大限制；直接融资工具受金融市场发育程度限制流动性较差，资金供给方承担较大的风险与责任。

间接融资指资金供求双方分别与金融中介机构形成独立的债权债务关系，从而通过金融中介机构来间接地融通资金。间接融资的工具有金融机构发行的各种融资根据，如存款合约、贷款合约等。

间接融资具有如下一系列优点：融资工具各种各样，因而可灵活满足资金供求双方融资的需求；金融机构多样化从而实现资金风险的降低；间接融资可以提高金融活动的规模效益，提高全社会资金的使用效率。同时，间接融资仍有一定局限性：资金的供求双方间接地联系，从而导致了资金供给方与需求方之间信息的不对称，使资金需求方的融资成本增加，而资金供给方的收益降低。

3.2.2.2　房地产行业融资结构

负债水平直接决定了公司的资本结构，而对于房地产行业而言，由于该行业对负债融资有着较强的依赖性，决定了负债水平对房地产企业的影响更加突出。本书以资产负债率为指标分析公司的负债水平。表 3 -2 为 2010—2019 年房地产上市公司的负债水平。

按年度看，2010—2019 年国内房地产上市公司资产负债率维持在 70% 以上，每年度之间没有非常大的差距，但在逐年增加，由此可见，负债融资为该行业的主要融资方式，并且大部分房地产

表 3－2　2010—2019 年房地产上市公司资产负债率

指标	资产总计（亿元）	负债合计（亿元）	所有者权益（亿元）	资产负债率（%）
2019 年	947935.6	762035.19	185900.41	80.4
2018 年	852720.54	674333.36	178382.98	79.1
2017 年	722236.02	571274.85	150961.17	79.1
2016 年	625733.7	489750.32	135983.38	78.3
2015 年	551968.06	428729.9	123238.16	77.7
2014 年	498749.92	384095.53	114654.4	77
2013 年	425243.89	323228.24	102015.65	76
2012 年	351858.65	264597.55	87261.1	75.2
2011 年	284359.44	214469.96	69889.73	75.4
2010 年	224467.14	167297.41	57170.12	74.5

数据来源：国家统计局。

公司都有着较高的负债水平。我国房地产融资结构中各资金来源渠道占比统计如表 3－3 所示。

表 3－3　我国房地产企业融资结构下各资金来源渠道占比

年份	本年实际到位资金（亿元）	国内贷款（%）	利用外资（%）	自筹资金（%）	其他资金来源（%）
2019	178608.59	14.1	0.10	32.6	32.6
2018	166407.11	14.5	0.07	33.5	33.5
2017	156052.62	16.2	0.11	32.6	32.6
2016	144214.05	14.9	0.10	34.1	50.9
2015	125203.06	16.1	0.24	39.2	44.5
2014	121991.48	17.4	0.52	41.3	40.7
2013	122122.47	16.1	0.44	38.8	44.6
2012	96536.81	15.3	0.42	40.5	43.8
2011	85688.73	15.2	0.92	40.9	43.0
2010	72944.04	17.2	1.08	36.5	45.2

数据来源：国家统计局。

从表 3 – 3 可以看出，“其他资金”主要由购房者的定金、预付款和个人按揭贷款三部分构成，而大部分购房者也是通过向商业银行贷款购买住房，所以导致这类资金约 60% 也来源于银行贷款。因此，我国房地产企业融资对于国内贷款依赖度较高，自有资金占比在逐年降低，利用外资一向较少，利用资本市场融资尚有不足，融资结构有待完善。

（1）国内贷款

我国房地产企业的国内贷款基本上是银行贷款。据相关数据统计，我国房地产其他通过直接和间接得到的银行贷款支持占其总资金的 50% 以上。从表 3 – 3 可以看出，自 2010 年以来，国内贷款（主要成分是银行贷款）占我国房地产企业融资总额比率呈下降趋势，但仍具有举足轻重的地位，这有其原因：从房地产角度看，我国房地产行业起步晚，规模小，资金普遍短缺，需要融资，而且负债融资会因为利息而产生抵税效应，银行贷款相对程序简单、成本低廉，我国资本市场发展又不完善，股权与债权融资受到一定限制，所以国内贷款对房地产企业来说是个良好的融资渠道。但房地产上市公司对银行信贷很强的依赖性，也说明了企业融资渠道过于单一，加大了企业的资金链断裂风险。

（2）利用外资

2010 年，我国房地产企业利用外资 790.68 亿元，占房地产实际到位资金的 1.08%。但近 10 年来，我国房地产企业利用外资的绝对量不断下降，2019 年利用外资 175.72 亿元。从表 3 – 3 可以看出，相对应其他融资渠道，利用外资的数量逐年下降，利用外资占我国房地产企业融资总额的比率也呈下降趋势。这是因为我国对外资仍有一定的限制，大多数外资追求的是短期利益，经常套利变现，流动性强，因此其市场份额较低。

（3）自筹资金

我国房地产行业起步晚，发展快，2010 年房地产企业融资中自筹资金为26637.21亿元，自有资金占其融资总额比率为36.5%。截至2019年，我国房地产企业融资中自筹资金已达到58157.84亿元。说明10多年来，房地产企业发展迅速，规模不断壮大，经营效益良好。

3.3 中国房地产企业融资环境面临的金融风险

房地产业是一个典型的资金密集型产业，每一个房地产项目的开发都离不开土地、资金和营销手段，而其中最为关键的是项目融资。我国的房地产业历史较短，资产规模和运营能力还有待提高，而且我国房地产市场和资本市场的不完善也制约了房地产业的发展。房地产业由于其特殊性成为我国经济发展的支柱产业，同时又由于房地产业发展泡沫会危害国计民生，甚至可能导致经济崩溃和社会动乱，所以国家在扶植房地产业发展的同时，也密切关注其发展动态，以便随时进行监管。因此，一方面中国房地产业的发展对融资环境的依赖性较强；另一方面中国的融资环境由于受到国家宏观调控政策不断变化的影响而十分的不稳定，所以我们必须深刻分析当下中国的融资环境面临的金融风险。

3.3.1 个人住房贷款的违约风险加大

个人住房抵押贷款风险的特点是隐蔽性强、暴露时间长，且极易受经济周期波动的影响。但由于其不良贷款的发生率相比其他种类的贷款较低，在其他业务难以拓展的情况下，房屋按揭贷款成为各商业银行发展的重点。近几年出现迅猛上升的势头，以河北省为例，2017年的河北省个人按揭贷款金额已达455.95亿元，较2015年增长了近50%。商业银行为了吸引更多的房贷，提高收益，逐步放宽贷款的门槛，比如对借款人的信息审阅日趋简单化，这样的弊端导致借款人的失信风险随之增加。从借款人方面分析，首先，借款人在合同签订过程中对合同条款解读不仔细，理解有误，会造成还贷不及时。其次，借款人和开发商如果因为房屋质量或工程进度问题出现矛盾和纠纷，会影响还贷的进度。最后，如果借款人违反法律规定，司法机关对其进行处罚，冻结财产等，也会导致商业银行收益无法得到保障。从房地产企业方面分析，按揭贷款是房地产企业融资的重要渠道之一，为了获取资金，房地产企业有时会采取各种不正当手段套取银行贷款，甚至存在开发商与借款人联合骗贷等情况，造成“假个贷”，使房地产开发贷款的风险向个人住房贷款迁移。从商业银行方面分析，银行在办理相关业务过程中，业务人员不了解“假个贷”的主要特征及防范要求，未严格执行相关文件，有章不循，违规操作；未与客户面谈、面签，或者未认真核实个人信息的真实性；都造成个人住房贷款违约风险加大。

3.3.2　“去库存”方式隐藏风险

我国从2016年开始实施房地产“去库存”政策，截至2018年底，商品房待售面积持续较大幅度下降，效果非常显著。措施主要有加大金融信贷支持力度，如下调购房首付比例等相对宽松的信贷政策。“去库存”政策的主要目的是解决三四线城市及部分二线城市的库存压力。但在政策的影响下，购房者很容易“加杠杆”购房，从而导致二线房价出现“非理性”上涨，而三四线城市房地产市场更加疲软。在过去的十几年里，房地产市场已经积累的泡沫还未消化，大量的房屋囤积在投机者手里。一旦市场预期发生变化，在恐慌心理的作用下，会出现大量抛售房屋的现象。从而又引起房价快速下跌，这就导致商业银行坏账急剧增加。相对于其他行业而言，房地产行业关联的上、下游行业较多，要考虑其他行业，如钢铁业、建筑业、金融业等行业在去库存过程中出现的破产、失业问题，避免“去库存”对经济发展产生消极影响。

3.3.3 房地产金融风险监管和预警体系不健全

2019年银保监部门的工作重点是加强房地产信托合规管理和风险控制。中国银保监会副主席王兆星在国新办举行的例行新闻发布会上提出，要对房地产开发贷款、个人按揭贷款继续实行审慎的贷款标准，特别是要严格控制带有投机性的开发和个人贷款。由于我国房地产金融市场欠成熟，存在大量非专业性房地产金融机构，能对住房融资评级的专业性住房金融机构、担保和保险等独立机构严重缺乏，使房地产贷款项目没有可行的分析和评价，也没有完善的政策体系来规避风险。同时，还存在开展房地产信托业务不审慎、违规发放房地产自营贷款以及违规开展房地产信托业务、信托资金违规用于房地产开发企业缴交土地出让价款、违规投向"四证"不全的房地产项目、违规向不具备二级资质的房地产开发企业提供融资等问题。这是由于我国有关房地产金融风险监管和预警方面的法律法规和相关文件较少，整体的监管和预警框架尚未完成。这就使房地产金融市场各参与主体缺乏规范性，主要涉及三个方面。第一个方面是在房地产开发企业获取贷款资金时。房地产企业在对商业银行提交审批材料和企业信息时，可能会有所保留或是有所隐瞒，使放贷金融机构无法对其进行合理的放贷评估，进一步会对后续的还贷等产生影响，进而产生金融危机。第二个方面是消费者的个人信用问题。金融机构由于信息不对称无法充分了解贷款者的信誉问题而造成的影响也会对房地产金融危机产生一定的影响。第三个方面是房产中介故意抬高房价。一些房产中介机构利用已购买或者掌握的房源，抬高房价以获取大量中间差价和中介费，推动房价上涨，形成恶性循环，引发金融危机产生。

第 4 章 研究假设与研究设计

本章在前面章节的基础上，提出研究假设和研究设计。对管理者概念进行界定，解释本书的数据来源和数据筛选标准，选择解释变量、被解释变量和控制变量，同时对这些指标进行定义和计算。建立检验负债融资对企业价值负面治理效应、管理者特质对负债融资的影响以及管理者特质对负债融资及企业价值产生影响的模型。

4.1　研究假设

4.1.1　负债融资对企业价值的影响

20 世纪 60 年代，伴随着产权理论及产权市场的发展，企业价值这一概念由美国管理学者首先提出。随后，国内外学者对企业价值的影响因素展开了研究，发现其影响因素涉及资本结构、企业治理结构、企业业绩等方面。Modigliani 和 Miller 提出的 MM 理论是有关资本结构与企业价值之间关系研究的开端。基于此，随着假设不断被放松，众多学者开始探讨负债融资对企业价值的治理效应。一方面，企业持有一定比率的负债可以获取避税效应，如果利率小于利润率，还会给企业股东带来额外的收益。债务的存在也会一定程度上缓解股东和管理者的代理冲突，债权人为了保障资金的安全会加大对企业监管的力度，约束管理者行为，从而推进企业治理机制。另一方面，企业不合理地进行负债，财务杠杆的负效应会使企业面临财务风险，如果企业无力偿还到期债务，将会影响企业信用并有可能卷入法律诉讼，严重的还可能导致破产。债权人为了保全自己的利益会在借款条款中加入一些限制条款，限制企业投资高报酬高风险的项目，从而降低企业价值。国际上公认的资产负债比率为40% ~60%，但近年来，我国房地产行业的资产负债率一直居高不下，连续五年增长已经接近80%。企业资产负债率过高，就会面临还本付息的压力，管理者出于公司形象和自身声誉的考虑，不希望出现无法按时偿还债务的情况，可能会为了持有充足的货币资金而错过长期回报率较好的项目，产生投资不足的问题，会给企业价值带来负面效应。此外，房地产行业受到宏观调控政策和融资政策大幅收紧的影响，房地产企业融资成本较高，如果出现投资收益较低甚至投资失败，导致项目的投资回报不足以偿还本息的情况，也会对企业价值产生负面影响。李玉华、叶明、许硕磊（2016）研究发现在我国上市公司中，财务杠杆与企业价值负相关，即财务杠杆的增加会降低企业价值。赵燕（2019）研究结果表明：肇庆市上市公司的资产负债率与企业价值呈显著负相关；肇庆市上市公司的流动负债比率与企业价值呈显著负相关。因此，本书认为负债融资对房地产企业的企业价值具有负面治理效应，于是本书提出假设1－1：

假设1－1：中国房地产行业上市公司的负债融资对企业价值有负面的治理效应。

由于我国制度背景的特殊性，我国资本市场存在着国有和非国有这两类性质截然不同的企业。国有企业的控股股东是国家，而非国有企业的控股股东是非国家的其他投资主体，如个人、家族、外资企业等。非国有企业的目标是为了实现利润最大化和企业价值最大化。而国家投资成立公司的目标除了盈利之外，还承担了一定的社会责任。对于国有上市公司，政府会在一定程度上对他们的生产经营活动产生重要的影响。首先，企业经营好坏关系到政府的政绩，国有企业会根据政府的要求承担更多的社会责任，政府因素是国有企业负债融资需要考虑的重要因素。而非国有企业相对较少考虑政府因素，他们主要考虑经营业绩。其次，政府与国有上市公司的关系更加紧密。政府要求国有上市公司要确保国有资本的保值及增值，国有企业需要承担一定的社会责任。政府为国有企业存在隐性担保，在同样条件下，国有企业更容易进行负债融资。即使将来存在偿还困难，国有企业还可以获得一定隐性优惠，比如减少利率，延长期限等。而对于非国有企业，其负债融资要比国有企业条件更加严苛，负债融资难度也加大，过度负债会增加破产风险，他们关注负债融资效率而不是负债融资的数量。现有文献研究表明这两类企业的负债融资对企业价值的影响有着很大程度的差异。如姜付秀等（2009）认为，国有企业存在着更大程度管理层私利的风险，因而无论是负债融资对企业价值的影响还是管理者特质对负债融资的影响，这两类企业都有着一定的差异。任中华（2016）研究发现，银行借款率对公司价值存在负相关关系，相对于非国有上市公司，国有上市公司银行借款率对公司价值负相关关系较弱。在不同的产权性质的下，不同类型的债务融资对公司价值的影响存在一定的差异。因此，本书提出假设1－2：

假设1－2：与国有上市公司相比，非国有上市公司负债融资对企业价值的负面治理效应更强。

4.1.2　管理者特质对负债融资及企业价值的影响

由于情感因素和心理因素的存在，管理者在做出决策时很难做到百分之百的理性。拥有不同特质的管理者，由于其思考方式和行为模式不同，在管理公司、制订计划、组织团队等方面也会采取不同的方式方法，进而影响公司绩效、盈余管理、投资决策等方面，对企业价值产生不同的影响。基于上述相关理论分析，本书认为拥有不同特质的管理者对负债融资以及企业价值的影响不同。本书中管理者特质指管理者的背景特征，从管理者的任期、年龄、受教育程度与有无财务工作经历四个方面来进行衡量。它们不仅能反映管理者性格、经验、知识积累以及价值观的差异，而且对公司整体发展与企业价值产生重要影响。

（1）管理者年龄的影响

经验研究的结果表明，处于不同年龄阶段的管理者在处理公司日常事务、组织管理团队、下达命令部署计划等方面都存在较大差异。出生、成长于不同时代的管理者，其生活经历、成长教育环境差异很大，导致他们的思维方式和行为习惯不同。何威风（2012）通过研究发现，管理者的年龄一定程度上反映了管理者专业积累、社会经验以及对风险的承受程度，从而影响管理者进行企业财务管理决策；一方面，与年轻的管理者相比，年长的管理者更加厌恶风险，为了能够最大限度地规避风险，他们制定有效的内控方案、建立健全内控体系，以便尽早发现问题并予以解决；另一方面，年长的管理者一般从业时间较长，拥有较多的专业经验和社会阅历，在做出决策时考虑更加周全、更加长远。另外，黄旭（2013）研究发现，年长的管理者已经积累了良好的声誉，有着相对较高的社会地位，因而他们在进行财务决策时会注重维持自身的社会地位和声誉。因此，年长的管理者在制定战略方案和进行财务决策时也更加保守，不偏好使用负债融资。而年轻的管理者可能急于证明自己的管理才能和决策效果，做出决策时更加激进，对风险把控不足，更偏好使用负债融资，从而给企业价值带来负面影响。基于以上分析，本书提出假设 2-1 和假设 2-2：

假设 2-1：中国房地产行业上市公司管理者年龄与负债融资显著负相关。

假设 2 - 2：管理者年龄越大，越能显著削弱负债融资对企业价值的负面治理效应。

(2) 管理者的受教育水平

教育能增进人们的知识与技能、影响人的认知能力，进而影响人们的价值观和决策行为。学历在一定程度上代表了人们的受教育程度，反映了人们价值观和认知方式等一系列基本的内在属性。管理者的学历映射了其认知事物、处理整合信息、面对突发情况的应急的能力。接受更高教育的管理者在面临公司内部和外部环境剧烈变化时，能更快速地意识到内外因素的变动，体现出更好的认知水平和更高效的信息处理分析能力，从而能够做出更有利于企业发展的战略决策。Simons（1995）研究发现，从教育背景特征来看，学历越高的管理者具备更强的获取信息和处理信息的能力，同时也具备更强的环境适应能力，能及时察觉环境的变化，从而在进行企业战略决策的制定时更倾向于多元化战略，更强调变革和创新。Murphy（2007）认为，受过学术训练的人在做决策时会更多地基于专业知识进行判断和分析，在面对外部环境的不确定性时，会做出更稳定和保守的决策。因此，高学历的管理者在看好未来收益的同时，也会谨慎选择债务融资。韩静、陈志红、杨晓星（2014）以 2008—2011 年沪深主板上市公司为研究对象，发现管理者的学历能影响企业战略决策的正确性，通常学历越高，正确性也越高。接受过高水平教育的管理者，知识层面更加丰富，处理事务的能力更强，他们也更加了解自己的专业性和掌控力，能做出比未受过高水平教育的管理者更加正确的决策，并且预先会对决策的结果做出更为准确的判断和估量。周楷唐（2017）认为，受过学术训练的管理者在决策时更加严谨，能提升信息透明度和会计稳健性水平。因此，受教育水平较高的管理者在对未来收益持乐观态度的同时，也会审慎地选择负债融资。对于房地产行业而言，负债融资作为传统的融资手段，高学历管理者更倾向于采取其他创新的经营模式，所以不倾向选择负债融资，从而给企业价值带来正面影响。

对于房地产行业而言，高学历管理者在面对企业高资产负债率导致的高风险的时候，更倾向于采取其他创新的经营模式，避免加重企业财务风险，所以不倾向选择负债融资，从而给企业价值带来正面影响。基于以上分析，本书提出假设2－3和假设2－4：

假设2－3：中国房地产行业上市公司管理者受教育水平与负债融资显著负相关。

假设2－4：管理者受教育水平越高，越能显著削弱了负债融资对企业价值的负面治理效应。

（3）管理者财务工作经历的影响

研究显示，管理者的工作经历会对其决策的制定产生影响。Dearborn 和 Simon（1958）检验了管理者工作经历和企业战略决策之间的关系，通过让一组不同工作背景的管理者去解决同一个问题，研究结果显示管理者的工作经历会影响他们对于事态的关注点，每个管理者都是从自身工作的领域出发去探寻的该问题的解决方案。有财务工作经历的管理者精通公司财务，长期的财务工作使他们对负债融资有特别的理解，能更深刻的理解财务决策的相关技能，而且对这种方法也更加熟悉，会偏好使用负债融资。Graham（2013）研究发现，管理者拥有财务工作相关的经历，更精通财务理论，更善于利用财务杠杆，更理解负债可以为企业创造的价值。姜付秀、黄继承（2013）的研究也认为，有财务经历的 CEO 会对企业的资本结构决策具有重要且正面的影响。张大伟（2015）认为，由于缺乏财务相关的知识和技能，没有财务经验的管理者不会主动选择债务融资，他们会将更多的精力花在产品创新等其他公司战略上。因此，没有财务工作经验的管理者在面对投融资决策时会更加谨慎。他们更倾向于与团队成员讨论，倾听他人的意见。避免盲目选择债务融资，有利于公司的稳定发展，从而提升公司的价值。基于以上分析，本书提出假设2－5和假设2－6。

假设2-5：中国房地产行业上市公司管理者的财务相关工作经历与负债融资显著正相关。

假设2-6：管理者没有财务工作经历，能显著降低负债融资对企业价值的负面治理效应。

（4）管理者任期的影响

任期包含了管理者大量的信息，一方面它是管理者搜集、分析和处理信息的能力外在表现；另一方面，它还可以代表管理者认知水平、社会阅历和经验。以往的研究显示，管理者的任期的长短会影响他们采取风险行为的意愿，并进而影响他们的财务决策。和任期较短的管理者相比，任期长的管理者已经拥有一定的社会地位和声誉，他们不存在通过财务决策来证明自己能力的压力。因而他们一般都是厌恶风险的，更看重稳定性，不愿意从事风险性活动，他们在经营和管理中会更多的依赖惯例，从而会避免使用负债融资。江伟（2011）研究发现，过去的经历或者错误决策也会不断修正认识的偏差，因而任期长的管理者出现过度自信的倾向较低。在进行融资决策时，他们会更多地考察负债融资所带来的财务风险程度，因而他们会更偏好采用稳健的财务融资决策。而对于任期较短的管理者，Miller（1993）的研究指出，一方面他们存在着证明自己胜任能力的压力；另一方面他们在进行决策时，可能会缺少内部和外部利益相关者对于合理性的监督，因而会更倾向于负债融资。贺小刚（2006）通过实证研究发现，企业价值会随着管理者任期的增加而提升。任期越长的管理者，能够更加深入了解企业内部和外部环境，并且意识到企业的投资活动能够在长远过程中提高升企业价值，同时自己也能从高企业价值中获益。本书基于以上分析，提出假设2-7和假设2-8。

假设2-7：中国房地产行业上市公司管理者任期与负债融资显著负相关。

假设2-8：管理者任期越长，越能显著削弱了负债融资对企业价值的负面治理效应。

4.2 研究设计

4.2.1 管理者概念的界定

研究管理者特质首要问题是对管理者进行界定，目前学术界对于管理者尚未形成统一的定义，学者们对于管理者界定一般根据自己的研究需要进行定义。一般而言，管理者是指在企业中能够直接监督和指导他人工作的人，管理者利用自身所拥有的职位和权力，能够实质性影响该组织经营活动，对企业经营决策有着决定权。管理者在公司中具有全局观。管理者不仅注重公司短期效益，更应当考虑企业的长期可持续发展；不仅为自身利益考虑，更要为企业整体考虑。根据姜付秀等（2013）、何瑛等（2015）的研究，本书考察了数据的可取得性和我国房地产上市企业对于负债融资的决策制定情况，来界定管理者。由于我国制度的特殊性，我国上市公司存在着“一股独大”的现象，在进行决策制定时，更多的时候是最高管理者直接或者最终确定，董事长作为最高管理者，有更大的决策权。因此，本书在界定管理者时，主要考察的是董事长或者总裁。

4.2.2 样本选择与数据来源

（1）样本选择

本书重点研究的是管理者特质对企业负债融资及企业价值关系的影响，鉴于上市公司年报信息会公告管理者年龄、学历、任期、工作经历等特质信息及企业的相关财务指标数据，而非上市公司相关数据无法提取，本书以我国沪深 A 股市场上市的 122 家房地产企业为研究样本。目前比较官方的中国上市公司行业分类标准是中国证券监督管理委员会2012年发布的《上市公司行业分类指引》，本书依据该标准对房地产业进行界定。研究的时间区间为2010—2019年。为确保文章所得结论的可靠性，本书筛选样本的标准包括：①剔除已经退市，或是ST类或*ST类的上市公司，这些公司会因为财务状况异常或者已经连续亏损两年以上，对本书的研究结论产生影响。②按照证监会行业分类，剔除资本结构与一般企业差异较大的金融保险类上市公司。③剔除管理者特质资料及相关财务数据无法获取或相关数据不全的样本，如无法获取管理者受教育水平或管理者相关工作经历未披露的公司。经过以上筛选，最终得到10年共850个观测值，其中国有上市公司470个，非国有上市公司380个。为了消除极端值的影响，本书还对变量进行了Winsorize处理。

（2）数据来源

本书所使用的数据均来自国泰安数据库（CSMAR）、万得数据库（WIND）、巨潮资讯网以及手工收集。还有一些数据和信息来自以下网站：上海证券交易所（www.sse.com.cn）、深圳证券交易所（www.szse.com.cn）、中国证监会网站（www.csrc.gov.cn）。数据处理和统计分析均使用STATA 15.0和Microsoft 2010软件。

4.2.3 变量设计

4.2.3.1 被解释变量

本书研究的解释变量是企业价值。有关企业价值的衡量主要有三种方法。

第一种方法是历史成本法。历史成本法指的是一个企业过去经营的成果以及过去的财务状况，反映的是过去经营的结果给企业带来的价值，经常采用总资产收益率和净资产收益率进行衡量。采用历史成本法的好处是由于数据是历史所得，故比较客观，能较好地反映企业价值。但是这种对企业进行价值衡量的标准也存在着弊端，仅能够反映过去情形，而无法对未来甚至现在进行衡量。

第二种方法是收益率法。收益率法指的是把时间因素考虑进去，时间意味着价值，所以应把折现率考虑进去。常常采用未来现金流量折现法这一指标。优势在于收益率法考虑到未来，这样对于企业具有更好的指导意义，也能够更好地评判企业是否应做投资项目的准确判断。但是收益率法也存在着一定的弊端。最突出的问题是有关折现率的选取，因为企业的折现率是难以预计的，是受市场影响的，因此，很难选择完全正确的折现率。

第三种方法是市场价值法。用市场价值法来衡量企业价值能更全面地反映企业的价值，通常选用托宾 Q 值进行衡量。托宾 Q 值是由美国经济学家托宾于 1969 年首次提出的，是企业市场价值与其重置成本之比。企业市场价值包含了股东、债权人、投资者以及其他利益群体对企业未来收益的综合估计与预测，而重置成本在公司账面上可以得到。托宾 Q 值不仅代表了投资者对于公司内在价值的未来预期，而且能够更好地反映企业未来成长前景，进而全面地反映企业价值。正是由于其能准确地反映企业价值，所以在大量文献中被常常引用。因此本书采用托宾 Q 值来衡量企业价值。

4.2.3.2 解释变量

本书研究的解释变量是负债融资和管理者特质。

(1) 负债融资

国内外学者们实证研究负债融资时大部分使用的都是企业的资产负债率（LEV），它反映了企业总资产中负债融资额所占的比例。负债融资比例过高，说明以负债方式取得的资产越高，企业未来的风险与不确定性越大。负债融资比例过低，说明未来的风险较少，但企业可能存在现金流风险，不利于企业价值的提高。本书选用资产负债率作为企业负债融资的指标，用企业期末总负债除以期末总资产来表示。

（2）管理者特质

高层梯队理论（Hambrick 和 Mason，1984）认为，管理者是存在异质性的，管理者性别、年龄、受教育水平、任期、风险偏好、早期生活经历、工作经历等的不同均会影响其对企业财务决策的决定。管理者特质不同会使管理者行为准则、思维方式不同，从而导致管理者认知与价值观存在差异，导致管理者决策有所不同。对于一个企业而言，管理者在企业中所发挥的作用是至关重要的。只有合适的管理者才能做出正确的融资判断，选择合适的融资模式，才能带领企业走向成功。不同的企业管理者不同，管理者所具备的特质也不相同，因此对管理者特质进行研究显得尤为重要。管理者特质主要是指管理者的背景特征与心理特征两种类型的研究。管理者特质中的背景特征主要指的是管理者的年龄性别，学历背景，等等。正是由于管理者中年龄的不同或者性别学历，受教育背景的不同，因此管理者特质的不同。管理者的心理特质难以客观测量，考虑到数据的可获得性，本书中管理者特质指管理者的背景特征，从管理者的任期、年龄、受教育程度与有无财务工作经历四个方面来进行衡量。它们不仅能反映出管理者性格、经验、知识积累以及价值观的差异，而且对公司整体发展与企业价值产生重要影响。

①年龄特征。年龄的不同势必会影响管理者的行为的不同，也就是会对管理者特质产生影响。随着管理者的年龄逐渐增大，管理者更倾向于采取更为保守的投资策略，从而有效地规避风险，企业发生财务危机的概率大大降低。这是因为，年长的管理者，在以往工作中积累的良好的声誉和较高的社会地位，使他们在进行财务决策时会注重维持自身的社会地位和声誉。同时，随着年龄的增大，处于管理生涯末期，逐渐接近退休年龄，所以往往会选择更为保守安全的投资策略，对风险的投资项目显得不是尤为热衷，更倾向于保持现状，从而规避风险。和年长的管理者相比，年轻的管理者有更好的学习和信息整合能力，在现代信息技术知识方面也存在优

势，此外，他们的职业生涯才刚刚起步，急于迅速获得事业的成功，因而他们在进行财务决策时，对于风险承受度更高，更偏好使用负债融资。

②有无财务工作经历特征。随着市场经济的高速发展，企业管理者的专业背景特征也显得尤为重要，其重要性也逐渐凸显出来。从某种程度上说，企业资本结构决策具有专业性，对于管理者的专业知识和经历有着基本要求。相比没有财务工作经历的管理者，有相关工作经历的管理者有更强的认知能力，能更好地关注相关领域信息的变化并加以解读，但也容易导致过度自信。而没有财务工作经历的管理者，则会将更多的精力用于公司其他战略上，比如产品创新。根据以往经验数据来看，管理者有相应的财务工作经历，则更容易选择较高的资产负债率。随着对管理者特质这一概念的研究的深入，逐渐发现除了年龄性别等影响因素之外，管理者的专业背景特征也显得尤为重要。不同的企业由于管理者的专业背景不同会使管理者所倾向采取的投资策略经营模式等都不相同。

③教育水平特征。教育水平特征也是影响管理者特质的一个重要衡量因素。虽然对于企业管理者而言，学历未必是管理者能力的完全衡量标准，不能完全划等号，但管理者的学历也在一定程度上说明企业管理者所做判断的抉择能力，较好的教育资源，更倾向于采取创新的投资模式。一个企业管理者的学历背景越高时则在进行融资模式时会选择更为积极进取的融资模式，而不仅局限于负债融资。对于管理者受教育水平的衡量，本书参照了何瑛（2015）的研究，将管理者受教育水平分为高学历和低学历。管理者学历水平高于本科时定义为高学历，并取值为1；管理者学历水平低于或等于本科时定义为低学历，并取值为0。

④管理者任期特征。管理者任期的长短也会对企业价值产生显著影响。任期短可能会因为时间不足的原因，影响管理者管理理念的灌输与方案的实施，任期长可能因为管理者的管理模式变得僵化

而妨碍企业的进一步壮大和可持续发展。这都会对企业价值产生重大影响。本书管理者任期的取值为研究年份减去所在职位任期开始年份。

4.2.3.3　控制变量

影响企业价值的因素众多，考虑到房地产行业的特征，根据姜付秀等（2011）、何瑛（2015）、李海燕（2017）的研究，本书选用公司规模、成长性、盈利能力、企业性质以及年度作为控制变量。

（1）企业规模（SIZE）

企业价值的高低往往会受到企业规模的影响。啄序融资理论认为，规模较大的公司在资本市场上容易被投资者关注，由于存在信息不对称所引发的逆向选择风险，只有在保证了企业股权所有者的利益不受损害的情况下，企业才会偏向于股权融资。从这个角度看，公司规模可以看成公司投资人和资本市场之间信息不对称的替代变量。因此，在市场信息不完全的限制下，规模较大的公司具有较小的逆向选择成本，而小规模企业则相反。另外，规模越大的公司，也越容易取得金融机构的借款，资产负债率不断增加，进而会引致企业价值的降低。由此可见，企业规模的扩大会对企业价值产生负面影响，预期符号为负。本书中企业规模用总资产的自然对数来表示。

（2）盈利能力

啄序理论认为，公司首先会倾向选择公司内部融资，接着依次选择外部债务性融资和股权性融资。因此，盈利能力强的公司带来较高利润水平意味着有较好的经营状况，那么公司内部留存的资金就会增加，进而企业对外进行负债融资的倾向就会减少，资产负债率就会降低，从而提高企业价值。汪辉（2003）的研究指出，盈利能力对企业价值有显著影响，且一般来说，公司的盈利能力越强，公司的企业价值越大。本书采用净资产收益率来衡量盈利能力。

（3）成长性

啄序理论认为，企业的生命周期与资产负债率具有不确定的关系。从企业盈利能力角度来看，资产负债率应与企业成长性是同向变动的关系，原因在于，当企业的投资价值超过其留存收益时，为了获取投资资金，企业会引进外部资金而使资产负债率升高。反之，则减少债务水平。但是，从企业发展的角度看，由于企业决策层会考虑资本占用的成本在将来支付的问题，同时要防止或以权益融资稀释企业控制权的风险。因此，成长中的企业与其现期的负债水平负相关，所以与企业价值正相关。通常具有成长性的公司多数都是主营业务突出、经营比较单一，表明公司产品的市场需求大，业务扩张能力强，而房地产企业正好符合这一特征。本书选用营业收入年增长率来衡量企业的成长性，营业收入年增长率越高，表明企业成长性越强，越有利于提升企业价值。

（4）企业性质

本书从企业注册资金来源和所有权角度来定义企业性质。为了便于比较，划分为两大类，国有企业和非国有企业，其中国有企业指全部由国家财政投资，所有权归国家。

（5）年份虚拟变量

用来控制宏观经济环境变化的影响。

以上变量的衡量指标见表4－1。

表4－1　　变量定义

变量类型	变量符号	变量名称	变量定义
被解释变量	Q	企业价值	托宾 Q 值＝（股票价格 * 流通股股数＋流通股股价 * 非流通股股数＋负债市值）/资产总计

续表

变量类型	变量符号	变量名称	变量定义
解释变量	*LEV*	负债融资	资产负债率 = 负债总额/资产总额
	Age	管理者年龄	董事长年龄
	Deg.	管理者受教育水平	董事长学历高于本科时取值为 1，否则取值为 0
	Tenure	管理者任期	董事长在本职位的任职时间
	Exp.	管理者财务工作经历	董事长是否有财务相关工作经历，有取值为 1，没有取值为 0
控制变量	*Size*	企业规模	企业总资产的自然对数
	ROE	盈利能力	净资产收益率 = 净利润 / 所有者权益
	Growth	成长能力	营业收入年增长率 = 本年营业收入增长额/上年营业收入总额
	State	企业性质	非国有企业 =1，国有企业 =0
	Year	年度虚拟变量	以 2010 年为基准，设立 10 个虚拟变量

4.2.4　模型建立

为了验证负债融资是否会影响企业价值，建立模型（1）：

$$Q = \beta_0 + \beta_1 LEV + ControlVariables + \varepsilon \qquad (1)$$

在模型（1）中，自变量 *LEV* 是负债融资，代表了企业所持有的负债融资规模，指标是资产负债率。因变量是企业价值，本书选用大多数文献中经常采用的托宾 q 值来进行衡量。在本书中通过 *LEV* 的系数和显著性来判断负债融资对企业价值的影响。控制变量是企业规模、盈利能力、成长能力和年度虚拟变量。在本书中通过判断 *LEV* 的系数来反映负债融资对企业价值的影响。如果 *LEV* 的系数为正值且显著，则表明负债融资对企业价值的影响有正相关的影响，否定了假设 1－1。而如果 *LEV* 系数为负值且显著，则表明负债融资对企业价值有抑制作用，也就是说有负相关的影响，假设 1－1 成立。再按照公司性质不同，分为国有企业和非国有企业，分组进行比较分析，对假设 1－2 进行验证。

为了考察管理者特质如何影响负债融资决策，并进而对负债融资与企业价值的相关性产生影响，本书建立了模型（2）至模型（7）：

$$LEV = \beta_0 + \beta_1 Age + \beta_2 Deg. + \beta_3 Exp. + \beta_4 Tenure + ControlVariables + \varepsilon \cdots \quad (2)$$

$$Q = \beta_0 + \beta_1 LEV + \beta_2 Age + \beta_3 LEV \times Age + ControlVariables + \sum Year + \varepsilon \cdots \quad (3)$$

$$Q = \beta_0 + \beta_1 LEV + \beta_2 Deg. + \beta_3 LEV \times Deg. + ControlVariables + \sum Year + \varepsilon \cdots \quad (4)$$

$$Q = \beta_0 + \beta_1 LEV + \beta_2 Exp. + \beta_3 LEV \times Exp. + ControlVariables + \sum Year + \varepsilon \cdots \quad (5)$$

$$Q = \beta_0 + \beta_1 LEV + \beta_2 Tenure + \beta_3 LEV \times Tenure + ControlVariables + \sum Year + \varepsilon \cdots \quad (6)$$

$$Q = \beta_0 + \beta_1 LEV + \beta_2 Age + \beta_3 Deg. + \beta_4 Exp. + \beta_5 Tenure + \beta_6 LEV \times Age + \beta_7 LEV \times Deg. + \beta_8 LEV \times Exp. + \beta_9 LEV \times Tenure + ControlVariables + \sum Year + \varepsilon \cdots \quad (7)$$

在模型（2）中，因变量为企业的资本结构，用企业的资产负债率来进行衡量，表明了企业的融资规模。自变量则包括四个，分别是管理者的年龄，管理者是否有财务工作经历，管理者的受教育水平，以及管理者的任期。在本书中，通过判断有关管理者特质这四个变量的系数的正负值和显著性来确定是否以及如何对负债融资产生影响。

模型（3）到（7）是在模型（2）的基础上，加入了 *LEV* 和管理者特质的交互项，因变量为企业价值，自变量为负债融资和管理者特质以及负债融资和管理者特质的交互项。依据姜付秀（2013）的研究，用来考察不同管理者特质对负债融资与企业价值关系产生的影响。模型（2）到模型（7）是对假设 2－1 到假设 2－8 进行验证。在最终的实证结果中，如果交互项的系数为正且显著，则说明具有这类管理者特质的管理者不偏好使用负债融资，能显著削弱负债融资对企业价值的负面治理效应。

第5章 管理者特质、负债融资及企业价值的实证检验

本章通过实证检验的方法来验证负债融资与企业价值的关系、管理者特质对负债融资及企业价值的影响。首先，对所选择的相关变量进行描述性统计和相关性检验。其次，进行多元回归分析。再次，本书还在进一步深度考察区分产权性质后，探究负债融资对企业价值的影响的不同。最后，替换被解释变量进行稳健性检验。通过对比稳健性检验结果与实证分析结果是否一致，来验证中国房地产上市企业管理者特质对负债融资和企业价值影响的多元回归模型结论是否具有稳健性特征。

5.1 描述性统计

首先，针对管理者特质、负债融资、企业价值及其影响因素变量进行描述性统计分析，初步掌握房地产业上市公司的影响因素的基本特征，结果详见表5-1。

从全样本看，根据表5-1可知，企业价值的均值为1.3713。资产负债率均值0.6567，房地产行业属于资金密集型行业，资产负债率远高于其他行业，就其行业本身而言，这个比率还是比较合

表5－1　　　　变量描述性统计分析（全样本）

变量	*Obs*	*Mean*	*P50*	*Std.*	*Min*	*Max*
Q	850	1.3713	1.1493	0.7084	0.8270	9.6780
LEV	850	0.6567	0.6844	0.1661	0.1386	0.9215
Age	850	51.9941	52	6.1180	35	67
Deg.	850	0.7270	1	0.4457	0	1
Exp.	850	0.1858	0	0.3892	0	1
Tenure	850	5.5894	4	4.0462	1	16
Size	850	23.4228	23.3114	1.4052	19.5836	27.2693
ROE	850	0.9153	0.0887	0.0953	－0.4442	0.3191
Growth	850	0.3296	0.1502	1.0777	－0.8414	8.8510

适的，既不会因为过高的资产负债率增加企业额外的风险，也不会因为资产负债率过低影响企业进行投资。管理者年龄的均值为51.99岁，主要分布于35～67岁，年龄跨度比较大。管理者受教育水平的均值为0.72，说明在我国房地产行业上市公司管理者的受教育水平比较高，主要集中于本科以上。管理者任期的均值为5.59年，说明我国房地产行业管理者任期大多超过一个聘期（3年），接近两个聘期，整体任期偏长，同时任期差异大，最短的任职时间1年，最长的任职时间16年。管理者工作经历的均值为0.18，这说明我国房地产行业上市公司的管理者大部分是没有相应的财务工作背景的，这也相应的会对企业的未来价值产生影响。

从房地产行业国有和非国有企业的比较来看，根据表5－2可知，国有企业的负债融资和管理者年龄均值略高于非国有企业；国有企业管理者的受教育水平的平均值显著高于非国有企业；国有企业管理者的任期年限远低于非国有企业。这个结果初步说明了产权性质不同的企业的管理者特质可能会对企业负债融资及企业价值产生不同的影响。

表 5 - 2　　变量描述性统计分析（按企业性质分组）

变量	国有样本（*N* = 470）				非国有样本（*N* = 380）			
	Mean	*Std.*	*Min*	*Max*	*Mean*	*Std.*	*Min*	*Max*
Q	1. 3007	0. 5038	0. 8270	5. 0354	1. 4587	0. 8924	0. 8270	9. 6780
LEV	0. 6661	0. 1597	0. 1386	0. 9215	0. 6450	0. 1731	0. 1386	0. 9215
Age	52. 2766	4. 9522	40	66	51. 6447	7. 2993	35	67
Deg.	0. 7893	0. 4081	0	1	0. 65	0. 4775	0	1
Exp.	0. 1872	0. 3905	0	1	0. 1842	0. 3881	0	1
Tenure	4. 8851	3. 7739	1	16	6. 4605	4. 2040	1	16
Size	23. 4419	1. 3415	20. 5417	27. 2693	23. 3992	1. 4818	19. 5836	26. 8497
ROE	0. 0928	0. 0842	-0. 4442	0. 3191	0. 0899	0. 1076	-0. 4442	0. 3191
Growth	0. 2396	0. 6678	-0. 7682	7. 0426	0. 4409	1. 4239	-0. 8414	8. 8510

5. 2　相关性分析

5. 2. 1　Pearson 相关系数分析法

为了避免各自变量之间的多重共线问题，并进一步为研究假设提供更可靠的结论，本书使用 STATA 15. 0 采用 Person 系数相关分析法对各主要变量进行相关性分析，各变量之间的相关系数如表 5 - 3 所示。结果表明，从关联强度上看，除了企业负债融资与企业价值、管理者年龄与任期之间关联强度较高外，房地产上市公司的其他变量之间普遍相关度不高，表中各变量的相关系数绝对值都小于 0. 5，由此可以认为，所选变量多重共线性较低。从关联方向看，企业价值与负债融资显著负相关，管理者年龄、受教育水平与负债融资负向关联，管理者有无财务工作经历、任期期间与负债融资正向关联。这些分析表明，管理者特质、负债融资与企业价值之间存在一定的相关性，但仍需要进一步探讨。

表5-3　　企业价值与主要影响因素的相关性分析表

变量	*Q*	*lev*	*age*	*degr*	*experience*	*tenure*
Q	1					
lev	-0.375***	1				
age	-0.130***	-0.0290	1			
degr	-0.129***	-0.0300	-0.083**	1		
experience	0.081**	0.069**	-0.084**	-0.135***	1	
tenure	-0.0450	0.0240	0.446***	0.076**	-0.0400	1

5.2.2　方差膨胀因子（Variance Inflation Factor，VIF）

为准确的估计多元线性回归模型是否存在共线性问题，本书再使用方差膨胀因子（Variance Inflation Factor，VIF）进行相关性分析，将回归模型解释变量做共线性检验。这一因子指代的是解释变量间存在多重共线性特点方差与不存在此特点方差的比值。如果*VIF*在10以下，表示该回归模型中各个解释变量间无共线性问题；如果超过10，表示明显存在共线性问题。本书建构的回归模型*VIF*值如表5-4所示。

表5-4　　各变量的*VIF*值

变量	*VIF*	1/*VIF*
Age	1.28	0.7795
Tenure	1.27	0.7867
Deg.	1.05	0.9562
Exp.	1.03	0.9687
LEV	1.01	0.9921
Mean VIF	1.13	

由表5－4可知，各变量的 *VIF* 值均在10以下，表示该回归模型中各个解释变量间无共线性问题。

5.3 回归分析

5.3.1 负债融资对企业价值的影响

为了研究负债融资是否对企业价值产生影响，以及对企业价值是否存在负面的治理效应，本书利用模型（1）进行回归，检验负债融资对企业价值的影响，并对假设1－1进行验证。与此同时，在我国行业发展过程中，不同产权性质对公司的运营管理和决策也会产生重大影响。我国房地产行业上市公司中也存在着国有和非国有两种典型的产权性质，其中国有包括国有控股和集体所有，一定程度上体现了国家的意志和利益。不同的产权性质是否会导致负债融资对企业价值产生不同的影响有待验证。因此，本书利用模型（1）进行回归，分别对这两种产权性质下的子样本进行比较分析，对假设1－2进行验证，全样本和分组的回归分析结果如下表5－5所示。

表5－5　负债融资与企业价值的回归结果

变量	全样本	国有样本	非国有样本
	Q	*Q*	*Q*
LEV	－0.468***	－0.0843	－0.679**
	(0.156)	(0.164)	(0.286)
Growth	0.0471*	0.0316	0.0422
	(0.0200)	(0.0352)	(0.0265)
ROE	0.0623	－0.0516	0.217
	(0.238)	(0.293)	(0.368)

续表

变量	全样本	国有样本	非国有样本
	Q	Q	Q
Size	-0.289***	-0.217***	-0.372***
	(0.0202)	(0.0214)	(0.0370)
_cons	8.577***	6.633***	10.63***
	(0.408)	(0.442)	(0.723)
Year	Yes	Yes	Yes
R^2	0.4015	0.337	0.483
$Adj-R^2$	0.3922	0.318	0.465
F	43.148	17.795	26.321
N	850	470	380

注：其中括号中 t 值，*，**，*** 分别表示在 10%，5%，1% 的水平上显著。

由模型（1）的回归结果可知，从表 5-5 可以清楚的看出，中国房地产行业上市企业 *LEV* 的系数为 -0.468，在 1% 的水平上显著，这个系数为负值表明负债融资与企业价值之间显著负相关，说明负债融资对企业价值有负面的治理效应，会导致企业价值降低，验证了假设 1-1。这一结果与李玉华等（2016）、赵燕（2019）的研究结论一致，他们的研究结论也显示了上市公司负债融资和企业价值负相关。这也就表明在中国房地产上市公司中，随着资本结构的增大即负债融资比例的提高，企业价值会随之相应减少。这是由于中国房地产上市企业本身资产负债率一直居高不下。国际上公认的资产负债比率为 40%~60%，但中国房地产企业资产负债率近 10 年的均值已经达到 65%，尤其从 2015 年开始逐年增加，截至 2019 年，房地产行业的资产负债率已经接近 80%。我国商业银行房地产开发贷款要求企业的资产负债率上限是 75%，由此可见，我国的房地产上市企业显然资产负债率过高。中国房地产上市企业的资产负债率高，说明企业的资金组成主要来源于债务。这不仅使企业融资成本增加，同时会增加企业的财务风险。如不能及时偿债，资金链断裂，还会导致企业破产。所以，对于中国房地产行业上市公司来讲，企业负债融资对企业价值有负面效应。

从国有和非国有企业的比较分析来看，中国房地产上市企业负债融资与企业价值都呈负相关关系，但国有企业中负债融资与企业价值的关系不显著，在非国有企业中负债融资与企业价值在5%的水平上显著。这主要由于我国国有和非国有这两类性质截然不同的房地产企业，在进行负债融资时的政策和效率不同导致的。国有企业的管理者在进行负债融资决策时还受到政府因素的制约，而非国有企业管理者的负债融资决策只需要考虑企业绩效；另外，正是因为国有企业有帮助政府实现政治目标的需要，政府对国有企业的负债融资有着隐性的担保，负债融资导致的企业财务风险可以忽略不计，而对于非国有企业，其进行负债融资时，事前审查和事后监管都会很严格，过度负债更是会带来破产风险，负债融资增加了企业的财务风险，因而，对于国有企业来说负债融资对企业价值的负面治理效应不显著。这也与中国国情相一致。综上所述，与国有上市公司相比，非国有上市公司负债融资对企业价值的负面治理效应更强，故验证了假设1-2。

在控制变量方面，全样本中，盈利能力与企业价值正相关但不显著，说明中国房地产上市企业的盈利能力对企业价值的影响没有显著差异；成长性与企业价值正相关，且在10%的水平上显著，说明房地产企业成长性越强，发展潜力越大，企业价值越大；本书的研究结论显示房地产企业规模与企业价值在1%的水平上显著负相关，这与何瑛（2015）的研究结论一致，说明我国资本市场可能更看好规模虽小、但发展潜力大的公司。在国有样本和非国有样本中，只有企业规模与企业价值在1%的水平上显著负相关，盈利能力和成长性与企业价值都不显著。说明区分产权性质后，盈利能力和成长性对企业价值没有影响。

5.3.2　管理者特质对负债融资的影响

为了研究管理者特质是否会对中国房地产上市企业负债融资产生影响，以及如何影响，本书利用模型（2）进行实证检验，分别将管理者年龄、受教育水平、任期和财务工作经历各个变量单独放入，检验管理者特质与负债融资的相关关系。对假设 2-1、假设 2-3、假设 2-5 和假设 2-7 进行验证。全样本回归分析的结果如表 5-6 所示。

表 5-6　　管理者特质对负债融资的回归结果

变量	*LEV*			
Age	-0.0041***			
	(0.000656)			
Deg.		-0.0205**		
		(0.00993)		
Exp.			0.0326***	
			(0.0110)	
Tenure				-0.0017
				(0.00109)
Growth	0.0121**	0.0124***	0.0127***	0.0127***
	(0.00480)	(0.00448)	(0.00439)	(0.00456)
ROE	-0.152**	-0.170***	-0.171***	-0.161**
	(0.0646)	(0.0634)	(0.0634)	(0.0653)
Size	0.0792***	0.0760***	0.0760***	0.0762***
	(0.00398)	(0.00406)	(0.00406)	(0.00404)
_cons	-0.946***	-1.067***	-1.085***	-1.078***
	(0.101)	(0.0955)	(0.0954)	(0.0954)
Year	Yes	Yes	Yes	Yes
R^2	0.373	0.354	0.357	0.382

续表

变量	LEV			
$Adj-R^2$	0.363	0.344	0.347	0.343
F	35.822	28.049	28.030	28.803
N	850	850	850	850

注：其中括号中 t 值，**，*** 分别表示在5%，1%的水平上显著。

在模型（2）中，因变量为中国房地产上市企业的负债融资，用企业的资产负债率来进行衡量，表明了企业的融资规模。自变量则包括四个，分别是中国房地产上市企业管理者的年龄，管理者的财务工作经历，管理者的受教育水平，以及管理者的任期。从计量结果中可以清楚的看出，除了管理者财务工作经历这一变量之外，其他三个变量均为负值，这说明除了财务工作经历与资本结构正相关，其他三个变量均为负相关。根据表5-6的结果，经过分析，可以得到如下的结论：

①中国房地产上市企业管理者的年龄的系数为-0.0041，在1%的水平上显著，这个系数为负值表明房地产上市企业管理者的年龄与负债融资呈负相关关系，这也就说明，如果企业管理者的年龄越大，越倾向选择较低的资产负债率，验证了假设2-1。这是因为中国房地产行业属于资金密集型的高风险行业，由于周转周期长，一直是负债经营的典型。根据中国国家统计局数据显示，截至2019年，中国上市房地产企业资产负债率为79.46%，创下了自2005年以来的新高。房地产企业持续增长的高资产负债率，不仅使企业融资成本增加，同时会导致企业财务风险相对较高。如果企业现金流不足，不能及时偿债，使资金链断裂，就会导致企业破产。相比年轻的管理者，年长的管理者更倾向于采取保守的投资策略，把财物安全规避风险放在第一位，而把回报率和投资收益率放到第二位。因此年长的管理者往往会选择更为保守安全的投资策略，从而规避风险，降低企业发生财务危机的概率，所以不偏好使

用负债融资。

②中国房地产上市企业管理者受教育水平的系数为 -0.0205，在 5% 的水平上显著。这个系数为负值表明房地产上市企业管理者的受教育水平与负债融资呈负相关关系，这说明管理者的学历水平为本科水平以上，学历越高，越倾向于选择较低的资产负债率，验证了假设 2-3。这是由于相比低受教育水平的管理者，受教育水平更高的管理者有更好的信息搜集和分析能力、对内外部环境变化更快的反应能力，更强的适应能力和信息整合能力。随着企业管理者受教育水平的提高，企业管理者更容易做出正确的判断。在面对企业高资产负债率导致的高风险的时候，更倾向于采取其他创新的经营模式，避免加重企业财务风险，所以不倾向选择负债融资。

③中国房地产上市企业管理者财务工作经历的系数为 0.0326，在 1% 的水平上显著，这表示拥有相应的财务工作经验的管理者更倾向于选择较高的资产负债率，而没有财务工作经历的管理者不偏好使用负债融资，验证了假设 2-5。这是由于有财务工作经历的管理者精通公司财务，长期的财务工作使他们对负债融资有特别的理解，更能领会使用债务给公司带来的价值，而且对这种方法也更加应用自如。具有财务背景的高层管理者在财务知识丰富程度和工作经验的积累度方面都明显区别于没有财务工作经历的高管，这导致其在进行资本结构决策时更加自信，更加偏好风险高收益大的负债方式，决策时的自信与风险的偏好决定了有财务工作经历的管理者更偏好使用负债融资。这与姜付秀、黄继承（2013）的研究结论一致，有财务工作经历的管理者显著提高了公司的负债水平。

④中国房地产上市企业管理者任期的系数为 -0.0017，不显著，说明管理者任期对负债融资不存在影响，假设 2-7 未得到支持。这可能是由于房地产行业普遍存在周转周期长的现在，一个楼盘的开发周期通常都超过 1 年，与之相比，管理者任期时间比较短，管理任期的影响难以凸显。

在控制变量方面，本书选取的三个控制变量与负债融资都具有显著的相关性。其中盈利能力与负债融资是负相关，成长性和企业规模与负债融资正相关。a. 说明中国房地产上市企业的盈利能力对负债融资有负面的治理效应，也就是说，盈利能力越强，企业的资产负债率越低，这与啄序理论的观点一致。公司首先会倾向选择公司内部融资，接着依次选择外部债务性融资和股权性融资。因此，盈利能力强的公司带来较高利润水平意味着有较好的经营状况，那么公司内部留存的资金就会增加，进而企业对外进行融资的倾向减少，避免为对外负债支付利息。b. 企业成长性与负债融资正相关，说明中国房地产上市企业成长性越强，资产负债率越高，这与啄序理论的观点一致。由于成长中的公司对资金的需求高，其内部留存作为融资来源不足以满足公司的扩展需要。因此，公司会提高负债融资的规模，进而使其资产负债率升高。c. 房地产企业规模与负债融资显著正相关，这说明样本企业的规模越大，样本企业会进行更多的负债融资，这与向龚军（2018）的研究结论一致，规模越大的企业，资产负债率越高。

5.3.3 管理者特质对负债融资及企业价值的影响

为了研究管理者特质是否以及如何影响负债融资与企业价值的关系，本书利用模型（3）至模型（7）进行实证检验，将管理者特质、负债融资、管理者特质与负债融资的交互项和企业价值一起放入进行回归。对假设 2 -2、假设 2 -4、假设 2 -6 和假设 2 -8 进行验证。全样本回归分析的结果如表 5 -7 所示。

表 5 -7 管理者特质对负债融资及企业价值的回归结果

变量	*Q*				
LEV	-5.102**	-1.455**	-0.334	-0.406	-6.185***
	(1.598)	(0.486)	(0.198)	(0.298)	(1.74)

续表

变量	Q				
Age	-0.0616**				-0.075**
	(0.0201)				(0.0236)
LEV×*Age*	0.0912**				0.104**
	(0.0299)				(0.0335)
Deg.		-1.010**			-0.761**
		(0.384)			(0.284)
LEV×*Deg.*		1.213*			0.868*
		(0.520)			(0.392)
Exp.			1.151*		0.692*
			(0.591)		(0.462)
LEV×*Exp.*			-1.427		-0.827
			(0.795)		(0.621)
Tenure				0.0111	0.0451
				(0.0392)	(0.0336)
LEV×*Tenure*				-0.0138	-0.0573
				(0.0558)	(0.0466)
Growth	0.0454	0.0429	0.0452	0.0474	0.0401
	(0.0374)	(0.0359)	(0.0353)	(0.0371)	(0.0357)
Roe	0.0451	0.0631	0.0352	0.0540	0.00385
	(0.292)	(0.281)	(0.281)	(0.290)	(0.289)
Size	-0.293***	-0.274***	-0.279***	-0.289***	-0.266***
	(0.0344)	(0.0296)	(0.0290)	(0.0324)	(0.0287)
_cons	11.79***	9.010***	8.234***	8.519***	12.199***
	(1.374)	(0.772)	(0.609)	(0.676)	(1.41)
Year	Yes	Yes	Yes	Yes	Yes
R^2	0.413	0.428	0.421	0.402	0.451
$Adj-R^2$	0.403	0.417	0.411	0.391	0.437

续表

变量	Q				
F	15.731	15.905	14.867	15.065	14.203
N	850	850	850	850	850

注：其中括号中 t 值，*，**，*** 分别表示在 10%，5%，1% 的水平上显著。

根据表 5 – 7 的结果，经过分析，可以得到如下的结论：

①中国房地产上市企业管理者年龄与负债融资的交互项系数为 0.091，在 5% 的水平上显著正相关，说明管理者年龄能显著降低负债融资对企业价值的负面治理效应，假设 2 – 2 得到支持。这是因为年长的管理者风险偏好度较低，更倾向于对安全性的把控。同时，相较于年轻的管理者有着更为丰富的投资经验与管理经验，这些经验对于具有高风险特征的房地产行业显得尤为重要，起到了规避风险的作用，降低企业发生财务危机的概率，从而显著降低负债融资对企业价值的负面治理效应。

②中国房地产上市企业管理者受教育水平与负债融资的交互项系数 1.213，在 10% 的水平上显著正相关，说明管理者受教育水平越高，学历在本科以上的管理者，越能显著降低负债融资对企业价值的负面治理效应。假设 2 – 4 得到支持。这是由于随着学历的增高，管理者受到较好的教育资源，更能准确的判断企业面临的风险和危机，更容易做出正确的判断，创新融资渠道和经营方式，降低负债融资带给企业的负面影响。

③中国房地产上市企业财务工作经历与负债融资的交互项不显著，说明管理者是否有财务工作经历不能显著影响负债融资与企业价值的相关性。假设 2 – 6 未得到支持。这可能是由于有财务工作经历的管理者占比很低，我国房地产行业上市公司的管理者大部分是没有相应的财务工作背景的。对于没有财务工作经历的管理者来讲，他们并不能深刻地理解财务决策的相关技能，他们会将更多的精力用于公司其他战略上，比如产品创新等，从而不重视负债融资

给企业带来的影响。

④中国房地产上市企业管理者的任期与负债融资的交互项也不显著，说明管理者任期不能显著影响负债融资与企业价值的相关性。这一结论与何瑛（2015）的结论一致。原因可能是张兆国（2013）所指出的我国上市公司的管理者平均任期较短，管理任期的影响难以凸现出来。假设2-8未得到支持。

对模型（7）进行实证检验，把管理者特质包括的四个变量综合在一起进行回归分析，结果和分项回归是一致的，进一步印证了上述分析的结果。

控制变量方面，中国房地产上市企业成长性和盈利能力与企业价值正相关但不显著，即企业的成长性和盈利能力对企业价值没有影响。公司规模与企业价值在1%的水平上显著负相关，说明企业规模对企业价值有负面治理效应，这可能如前文所述，是由于资本市场更关注规模虽小但是发展潜力大的公司所致。

5.4　稳健性检验

本书基于管理者特质的角度，分析了管理者年龄、管理者受教育水平、管理者任期和有无财务经历这四个管理者特质，是否影响我国房地产上市企业的负债融资水平，以及如何影响负债融资与企业价值的关系。为了确保研究结论的可靠性，本书对以上研究结论进行了稳健性检验，替换了企业价值的计算方法。在本书中，企业价值是用托宾Q值来衡量的，而托宾Q值的计算公式为企业的股价除以企业的重置成本，股价在计算时有两种计算方法，主要区别在于计算非流通股的价格方面。第一种计算方法是用流通股价格代替非流通股价格，也是上文所采用的方法。第二种计算方法是用“所有者权益合计期末值/实收资本本期期末值”来表示非流通股价格。因而，本书采用第二种计算方法进行稳健性检验，重新计算托宾 Q 值，考察管理者特质对负债融资及企业价值的影响。由于模型（2）中的变量不包括替换的被解释变量，所以仅对模型（1）和模型（3）进行回归。

5.4.1 负债融资与企业价值的关系

被解释变量企业价值被替换后，利用模型（1）进行回归，检验负债融资对企业价值的影响。同时，分别对两种产权性质下的子样本进行比较分析。全样本和分组的回归分析结果如表 5－8 所示。

表 5－8　　负债融资与企业价值的回归结果

变量	全样本	国有样本	非国有样本
	Q	Q	Q
LEV	－0.417**	－0.0105	－0.641*
	(0.144)	(0.140)	(0.272)
Growth	0.0333	0.00129	0.0322
	(0.0185)	(0.0299)	(0.0252)
ROE	－0.229	－0.395	－0.0315
	(0.220)	(0.249)	(0.351)
Size	－0.259***	－0.181***	－0.350***
	(0.0187)	(0.0182)	(0.0352)
_cons	7.706***	5.648***	9.886***
	(0.377)	(0.376)	(0.688)
Year	Yes	Yes	Yes
R^2	0.382	0.332	0.467
$Adj-R^2$	0.373	0.313	0.448
F	39.824	17.458	24.649
N	850	470	380

注：其中括号中 t 值，*，**，*** 分别表示在 10%，5%，1% 的水平上显著。

由表 5 – 8 稳健性检验结果可知，从全样本来看，中国房地产行业上市企业 *LEV* 的系数为 – 0.417，在 5% 的水平上显著，这个系数为负值表示负债融资与企业价值之间显著负相关，说明负债融资对企业价值有负面的治理效应，会导致企业价值降低。检验结果与实证分析结果相一致。

从国有和非国有企业的比较分析来看，中国房地产上市企业负债融资与企业价值都呈负相关关系，但国有企业中负债融资与企业价值的关系不显著，在非国有企业中负债融资与企业价值在 10% 的水平上显著。检验结果与实证分析结果相一致。

在控制变量方面，盈利能力与企业价值负相关但不显著，说明中国房地产上市企业的盈利能力对企业价值的影响没有显著差异。房地产企业规模与企业价值在 1% 的水平上显著负相关，说明企业规模越大，企业价值越低。这两个变量的检验结果与实证分析结果相一致。成长性与企业价值正相关，但不显著，这与实证分析结果不一致。

在控制变量上，盈利能力与企业价值呈负相关，但不显著，说明中国房地产上市公司盈利能力对企业价值的影响不存在显著差异。但它对整体结果没有影响。

5.4.2　管理者特质对负债融资及企业价值的影响

被解释变量企业价值被替换后，利用模型（3）至模型（7）进行回归，检验管理者特质是否以及如何影响负债融资与企业价值的关系。全样本回归分析的结果如表 5 – 9 所示。

表 5 – 9　管理者特质对负债融资及企业价值的回归结果

变量	*Q*				
LEV	– 4.735**	– 1.501**	– 0.268	– 0.362	– 5.809***
	(1.584)	(0.492)	(0.190)	(0.294)	(1.707)

续表

变量	Q				
Age	-0.0571 **				-0.069 **
	(0.0199)				(0.0229)
LEV × Age	0.0851 **				0.096 **
	(0.0296)				(0.0326)
Deg.		-1.069 **			-0.813 **
		(0.379)			(0.281)
LEV × Deg.		1.346 **			0.988 *
		(0.517)			(0.389)
Exp.			1.192 *		0.731
			(0.583)		(0.45)
LEV × Exp.			-1.511		-0.9
			(0.789)		(0.608)
Tenure				0.0124	0.042
				(0.0393)	(0.0324)
LEV × Tenure				-0.0113	-0.0492
				(0.0560)	(0.0451)
Growth	0.0317	0.0301	0.0315	0.0342	0.028
	(0.0391)	(0.0377)	(0.0369)	(0.0388)	(0.0371)
Roe	-0.245	-0.223	-0.254	-0.249	-0.289
	(0.286)	(0.279)	(0.276)	(0.283)	(0.284)
Size	-0.263 ***	-0.244 ***	-0.249 ***	-0.260 ***	-0.237 ***
	(0.0330)	(0.0286)	(0.0277)	(0.0311)	(0.0276)
_cons	10.69 ***	8.178 ***	7.358 ***	7.668 ***	11.11 ***
	(1.330)	(0.743)	(0.578)	(0.647)	(1.348)
Year	Yes	Yes	Yes	Yes	Yes
R^2	0.395	0.413	0.406	0.383	0.439
$Adj-R^2$	0.384	0.402	0.396	0.372	0.425

续表

变量	Q				
F	12.603	14.448	12.881	12.248	12.092
N	850	850	850	850	850

注：其中括号中 t 值，*，**，*** 分别表示在 10%，5%，1% 的水平上显著。

由表 5－9 稳健性检验结果，经过分析，可以得到如下的结论：

①中国房地产上市企业管理者年龄与负债融资显著负相关，说明年龄越大的管理者越不偏好使用负债融资，年龄越小的管理者越偏好使用负债融资。同时年龄与负债融资的交互项系数在 5% 的水平上显著正相关，说明管理者年龄越大，越能显著降低负债融资对企业价值的负面治理效应。检验结果与实证分析结果相一致。

②中国房地产上市企业管理者受教育水平与负债融资显著负相关，说明受教育水平越高的管理者越不偏好使用负债融资，受教育水平越低的管理者越偏好使用负债融资。同时管理者受教育水平与负债融资的交互项系数在 5% 的水平上显著正相关，说明管理者受教育水平越高，学历在本科以上的管理者，越能显著降低负债融资对企业价值的负面治理效应。检验结果与实证分析结果相一致。

③中国房地产上市企业管理者的财务工作经历与负债融资显著正相关，说明有财务工作经历的管理者越偏好使用负债融资，没有财务工作经历的管理者不偏好使用负债融资。同时财务工作经历与负债融资的交互项不显著，说明管理者是否有财务工作经历不能显著影响负债融资与企业价值的相关性。检验结果与实证分析结果相一致。

④中国房地产上市企业管理者的任期与负债融资负相关，但不显著，说明说明管理者任期对负债融资不存在影响。同时管理者任期与负债融资的交互项也不显著，说明管理者任期对负债融资与企业价值的相关性都不存在影响。检验结果与实证分析结果相一致。

控制变量方面，中国房地产上市企业成长性与企业价值正相关但不显著，即对企业价值的影响没有显著差异。盈利能力与企业价值负相关但不显著，说明盈利能力越好的企业对企业价值的影响没有显著差异。公司规模与企业价值在1%的水平上显著负相关，说明规模越大的企业，企业价值反而越低。检验结果与实证分析结果相一致。

把管理者特质包括的四个变量综合在一起进行回归分析，结果和分项回归是一致的，进一步印证了上述分析的结果。

综上所述，稳健性检验结果与实证分析结果相一致，关于中国房地产上市企业管理者特质对负债融资和企业价值影响的多元回归模型结论具有稳健性特征。

研究结论与展望

6.1　研究结论

本书基于对资本结构理论的梳理，依据“高层梯队理论”，以我国沪深两市 2010—2019 年的 A 股房地产上市公司为研究样本，同时区分国有企业和非国有企业，按照一定的规则剔除不合理数据后，最终得到 850 个研究样本。首先实证检验了负债融资对企业价值的影响，以及管理者特质对负债融资的影响，在此基础上，又用管理者年龄、受教育水平、任期和财务工作经历四个特质去深度考察管理者特质对负债融资及企业价值的影响。并在实证的基础上，提出了房地产行业上市企业如何降低负债融资对企业价值的负面治理效应。本书的具体结论如下：

本书的研究结果显示，中国房地产行业上市公司的负债融资对企业价值有负面的治理效应。而且与国有上市公司相比，非国有上市公司负债融资对企业价值的负面治理效应更强。中国房地产上市企业管理者年龄与负债融资显著负相关，说明年龄越大的管理者越不偏好使用负债融资，年龄越小的管理者越偏好使用负债融资。同时年龄与负债融资的交互项系数在 5% 的水平上显著正相关，说明管理者年龄越大，越能显著降低负债融资对企业价值的负面治理效应。管理者受教育水平与负债融资显著负相关，说明受教育水平越高的管理者越不偏好使用负债融资，受教育水平越低的管理者越偏好使用负债融资。同时管理者受教育水平与负债融资的交互项系数在10%的水平上显着正相关，说明管理者受教育水平越高，学历在本科以上的管理者，越能显着降低负债融资对企业价值的负面治理效应。管理者的财务工作经历与负债融资显著正相关，说明有财务工作经历的管理者更偏好使用负债融资，没有财务工作经历的管理者不偏好使用负债融资。同时财务工作经历与负债融资的交互项不显着，说明管理者是否有财务工作经历不能显着影响负债融资与企业价值的相关性。管理者的任期与负债融资负相关，但不显著，说明管理者任期对负债融资不存在影响。同时管理者任期与负债融资的交互项也不显著，说明管理者任期对负债融资与企业价值的相关性不存在影响。本书研究结论表明，在研究中国房地产行业上市企业负债融资对企业价值的治理效应时，必须考虑管理者特质和公司的产权性质，否则就难以得出有效的结论。同时，这些研究结论将有助于深入理解负债融资的作用机制和经济后果，并逐步完善我国房地产行业上市公司资本结构决策和人力资源管理实践。本书不仅丰富了房地产行业上市企业管理者特质和企业融资研究领域的文献和经验证据，而且也表明了在研究负债融资对企业价值的治理效应时，管理者特质和公司的产权性质是重要的考察因素，对企业融资决策的制定和实施效果具有至关重要的影响。

6.2 政策建议

在以往国内外学者的研究中，大多数学者都将资本结构决策影响因素的重点放在了企业特征属性、行业层面以及宏观经济环境等方面，却忽略了企业高层管理团队的作用影响。本书的研究结果显示中国房地产行业上市企业负债融资确实对企业价值存在负面的治理效应，同时管理者特质会影响企业负债融资并进而影响负债融资对企业价值的负面治理效应。在企业的经营决策权上，占据领导和决策地位的始终是企业的高层管理者。控制权和所有权分离是我国大部分企业的现状，这也就是说，能够控制企业资源的是高层管理者而并非企业的所有者或者股东。在当前两权分离的治理状况下，管理者作为重要的人力资源，对企业价值有着不容忽视的影响。基于此，本书提出以下建议：

6.2.1　关注高管人员的经验优势

本书的研究结论显示，管理者的年龄越大，学历越高，越能显著降低负债融资对企业价值的负面效应。因为高学历年长的管理者根据以往工作积累的经验会对该职位有着非常深刻的认识和了解，知道利用自身经验优势来实现资本结构决策，达到提高企业经营效率和企业价值最大化的目标。而且，具有经验优势的高层管理者，在以往工作中除了获取了对未来工作具有优势的工作经验外，还获取了许多人脉资源，这对于企业来说是种财富和保障。因此，公司在进行高管聘用或者任命，以及对现有高管进行有效的监督时，可以根据其经验的绝对优势对企业的战略决策进行预判，从而达到优化决策的目的。

6.2.2　提高管理者任职稳定性，健全管理机制

我国房地产上市企业管理者平均任期时间较短，而且在数据统计过程中发现管理者变更频繁，这在一定程度上表明我国房地产上市企业高管变更频繁、稳定性不足的缺陷。如果管理者变更频繁，那么管理者对企业了解的程度，对企业文化理解的深度就会不够深刻。这会导致政策实施缺乏连贯性，变化频繁，管理效率低下。因此，提升房地产行业管理者任职的稳定性是必要的。在公司治理层面，应当迅速建立具有吸引力的管理者激励机制，如在管理层中给予适当的薪酬激励或给高管以股权激励，这种从管理者变成所有者

身份的转换，会促使高层管理人员找到归属感，从而做出成为企业终身的职业规划。此外，由于背景特征的不同，管理者会偏好不同的负债融资决策。因而实际工作中，企业需要加大对高管的决策监督，防止高管由于背景的差异对决策造成的影响偏差。这就要求上市公司在高管任命时不但要知人善用，也要建立健全的管理机制对高管决策进行有效的控制防止决策偏差。

6.2.3 适度进行负债融资，创新金融工具

我国房地产上市企业的资产负债率普遍偏高，而且负债融资的资金来源主要依赖商业银行的贷款。金融机构作为最主要的参与者，承担着非常大的风险。而且随着我国房地产市场的不断发展，其资金的需求量将会越来越大，仅依靠商业银行来为其提供融资服务，将难以满足其资金需求。所以在降低房地产行业资产负债率的同时，还要降低房地产金融风险，这就必须要创新金融工具，使房地产企业能够从多种渠道，以多样化的方式进行融资。一是扩充房地产企业上市融资规模，发展良好的房地产企业可以借壳上市。二是发展房地产信托融资方式，投资者通过购买信托的方式进行投资，这种投资方式属于长期的持有投资，既满足了房地产企业的资金需求，减轻商业银行的压力，又有利于稳定市场，缓解房地产供求关系，但是需要政府给予税收方面的政策扶持。三是加快房地产企业融资债券的发展。短期融资债券可以解决房地产企业临时性、季节性短期的资金需求，中长期融资债券为房地产企业提供稳定的资金来源，减少信贷政策对企业的融资影响，降低融资成本。

6.2.4 鼓励房地产资本与金融资本相结合

鼓励房地产资本与金融资本相结合。房地产资本与金融资本结合主要是指房地产企业和银行双方在参与社会经济的过程中，以资本、信息、技术和服务等要素为纽带，以利益共享和风险分担为基

础，以达到高效率、低风险为目的的内在联合体。当经济体制从计划经济逐步向市场经济转变时，房地产资本通过与金融资本的结合，房地产资本能够较快地集中，实现规模经济，提高企业的整体运营效率和抵抗市场风险的能力。与此同时，在金融体制改革的过程中，也迫切需要与房地产资本的合作，经过资源整合来满足其低风险、高收益的需求，并为金融工具的创新提供平台。因此，房地产资本和金融资本结合在理论和现实中都有意义。由于受意识形态的影响，产融资本的结合被排斥在社会主义经济发展之外。原因在于产融资本的结合容易产生金融寡头，并逐步演变为金融垄断资本，这与社会主义经济理念存在冲突。因此，关于产融结合的理论研究较少。但是在利润最大化的经济运行法则下，实际的经济活动正在向这一领域进行探索，并且获得了比较可喜的成就，但仍需要在理论和政策上予以支持。随着现代企业制度改革的不断向前推进，特别是在以优化资本结构为核心的工业化过程中，政策制定者开始认识到产融结合的必要性。产融结合是实现资源有效配置的重要组织形式之一。中国目前的工业经济发展水平还较低，其中规模较小是限制因素之一。产业结构趋同，拥有着沉重的历史包袱，不能实现生产要素的有效流动，资金使用的效率较低，融资难问题一直存在。同时，由于信息不对称和监管的不到位，银行也产生了大量的不良资产。产融结合是解决银企间信息不对称的有效途径之一，同时可以实现资本的迅速聚集。要从长期内解决房地产企业融资不足的问题，实现房地产资本与金融资本的结合将是一个新的探索之路。

6.3　不足与展望

经过上述理论和实证研究，本书研究了负债融资对企业价值的影响以及管理者特质对负债融资及企业价值关系的影响，但是在研究过程中，由于作者客观条件和时间的限制，也存在着以下几个方面的改进空间。

①没有在实证分析中充分考虑宏观经济政策的因素。从已有的研究来看，宏观经济政策对中国房地产企业的融资结构和经验绩效都有显著影响。同时本书选取了沪深两市 A 股房地产行业上市公司作为研究样本，样本量虽然足够多，但部分上市公司没有披露该企业高层管理者的任职背景的相关信息，还有部分上市公司虽然对外公开了高层管理者的履历，但教育背景和工作履历并不完备，造成了相关数据的缺失。

②本书选取的管理者外在特质因素，仅选取了管理者年龄、任期、受教育水平和工作经历四个变量，还不够全面，事实上管理者很多个人生活相关特质，如是否存在从军经历、是否有政治背景，个人住房按揭贷款情况等，但考虑到数据的可获得性，本书没有将个人生活相关特质纳入进行回归，研究内容的广度待完善。在以后的研究中可以加入管理者的个人生活等特质。

③虽然本书把研究的对象局限于中国房地产上市公司，使研究结果对于房地产行业上市公司有着针对性的指导建议。但忽略了对未上市公司的研究，对未上市的中小房地产企业的分析存在不足。未上市房地产企业的资本结构特征和融资环境具有特殊性，具有较大的潜在研究价值，然而由于未上市中小房地产企业的数据难以获得，没能进行单独的实证分析，因此对于这方面的研究存在一定的不足。对于非上市公司的企业而言，管理者特质，资本结构与企业价值三者之间的关系依然存在着值得研究的内容。因此可以在今后的研究中，不仅考虑上市公司，把上市公司与非上市公司统一起来综合考虑，更好地避免了研究结果的片面性，使研究结果更为普遍。此外还可以把上市公司与非上市公司之间是否就管理者特质、资本结构与企业价值三者之间的关系存在明显的差异，差异是否巨大，为何存在明显的差异进行研究。

参考文献

[1] Alexander Onyebuchi. Effects of Debt Financing on Financial Performance of Firms Quoted on the Nigeria Stock Exchange 2008 -2012 [J]. Journal of Policy and Development Studies, 2016, 10 (3).

[2] Asha Narang, Jatinder Kumar. Leadership Competencies for Librarians [J]. International Journal of Library Science™, 2016, 14 (3).

[3] Bamber, L. S. , Jiang, J, Wang, I. Y. What' s My Style? The Influence of Top Managers on Voluntary Corporate Financial Disclosures [J]. The Accounting Review, 2010, 85 (4): 1131 -1162.

[4] Chike Okechuku, Viola Yee Wai Man. Comparison of managerial traits in Canada and Hong Kong [J]. Asia Pacific Journal of Management, 1991, 8 (2).

[5] Dan Hughes, Eric Chong, Uwe Napiersky, Jan Kwint. Cultural Differences and Managerial Behaviour [J]. The International Journal of Knowledge, Culture, and Change Management: Annual Review, 2006, 5 (5).

[6] Dearborn DeWitt C. , Simon Herbert A.. Selective Perception: A Note on the Departmental Identifications of Executives [J]. Sociometry, 1958, 21 (2).

[7] Dirk Hackbarth. Determinants of corporate borrowing: A behavioral perspective [J]. Journal of Corporate Finance, 2009, 15 (4).

[8] Dirk Hackbarth. Managerial Traits and Capital Structure Decisions [J]. Journal of Financial and Quantitative Analysis, 2008, 43 (4).

[9] Donald C. Hambrick, Phyllis A. Mason. Upper Echelons: The Organization as a Reflection of Its Top Managers [J]. The Academy of Management Review, 1984, 9 (2).

[10] Ester Martínez – Ros, Francina Orfila – Sintes. Training plans, manager's characteristics and innovation in the accommodation industry [J]. International Journal of Hospitality Management, 2012, 31 (3).

[11] Euikyu Choi. Labor mobility and the cost of debt [J]. Journal of Economics and Business, 2020.

[12] Fengchen Qin. Impact of Debt Financing on Real Earnings Management [J]. Academic Journal of Business & Management, 2020, 2 (1).

[13] Gordon M. Bodnar, Erasmo Giambona, John R. Graham, Campbell R. Harvey. A View Inside Corporate Risk Management [J]. Management Science, 2019.

[14] Guangyi Xu, Xiaoming Ou, Xi Chen. Research on the Relationship between Debt Financing and Operating Performance Based on Mediation of Diversification [J]. Technology and Investment, 2016, 7 (3).

[15] Hala Abd – Elnaby, Ola Aref. The Effect of Accounting Conservatism on Investment Efficiency and Debt Financing: Evidence From Egyptian Listed Companies [J]. International Journal of Accounting and Financial Reporting, 2019, 9 (2).

[16] Hanh Song Thi Pham, Duy Thanh Nguyen. Debt financing and firm performance: The moderating role of board independence [J].

Journal of General Management, 2020, 45 (3).

[17] Henrik Cronqvist, Anil K. Makhija, Scott E. Yonker. Behavioral consistency in corporate finance: CEO personal and corporate leverage [J]. Journal of Financial Economics, 2011, 103 (1).

[18] Hongyi Zhang, Xingyu Wang. The Impacts of Intellectual Capital and Anti - risk Capability on Corporate Value A research based on listed constituent stock [A]. FEBM 组委会 .2019 年第四届经济与企业管理国际学术会议论文集 [C]. FEBM 组委会: 武汉金钥匙会务服务有限公司, 2019: 3.

[19] Hwa - Sung Kim. Investment decisions and debt financing under information uncertainty [J]. North American Journal of Economics and Finance, 2020, 52.

[20] Jennifer Chepkorir, Mike A. Iravo, Maurice Sakwa, Wilfred N. Marangu. Influence of Return on Investment of Debt Financing on Financial Portfolio Diversification among Commercial Sugarcane Farmers in Kenya [J]. European Journal of Business and Management, 2016, 8 (20).

[21] Jiahua Zheng. Determinants of Corporate Debt Financing [A]. Institute of Management Science and Industrial Engineering. Proceedings of 2018 7th International Conference on Social Science, Education and Humanities Research (SSEHR 2018) [C]. Institute of Management Science and Industrial Engineering: 计算机科学与电子技术国际学会 (Computer Science and Electronic Technology International Society), 2018: 8.

[22] Jingjing Li, Minghai Wei, Bingxuan Lin. Does top executives' US experience matter? Evidence from US - listed Chinese firms [J]. China Journal of Accounting Research, 2016, 9 (04): 267 - 282.

[23] John Mastracchio, Andy McCartney, Toby Fedder, Ann Bui, Philip King, Mike Lane. How Much Is It Worth? An Overview of Valuing Water Utilities [J]. Journal - American Water Works Association, 2020, 112 (8).

[24] José Fernando López - Muñoz, Alejandro Escribá - Esteve. An upper echelons perspective on information technology business value [J]. European research on management and business economics, 2017, 23 (3).

[25] Juha - Pekka Kallunki, Elina Pyykkö. Do defaulting CEOs and directors increase the likelihood of financial distress of the firm? [J]. Review of Accounting Studies, 2013, 18 (1).

[26] Kazunori Ito, Shu Umeda, Hiroyuki Sekiya. Impact of Intangibles on Corporate Value [J]. Journal of Human Resource and Sustainability Studies, 2020, 08 (02).

[27] Krishna Dayal Pandey, Tarak Nath Sahu. Debt Financing, Agency Cost and Firm Performance: Evidence from India [J]. Vision: The Journal of Business Perspective, 2019, 23 (2).

[28] Lin Li, Fangyu Dong, Yifang Liu, Haijun Huang, Shouyang Wang. The effect of corporate governance on debt financing cost of listed companies [J]. Journal of Systems Science and Complexity, 2016, 29 (3).

[29] Manuela Ingaldi. Managerial traits in different companies [J]. Production Engineering Archives, 2015, 9/4 (2015).

[30] Maqbool Ahmad, Kim, Chang Su, Kim, Jung Tak, Yoo, Ji Soo. Does Debt Financing Affect Firms' Profitability in Pakistan? [J]. 아시아연구, 2016, 19 (4).

[31] Mariana, Syukriy Abdullah, Muhammad Mahmud. Corporate Governance Perception Index, Profitability and Firm Value in Indo-

nesia [J]. Technology and Investment, 2020, 11 (02).

[32] Miaochen Lv, Manying Bai. Political uncertainty and corporate debt financing: empirical evidence from China [J]. Miaochen Lv; Manying Bai, 2018, 51 (13).

[33] PAUL LUK, TIANXIAO ZHENG. Foreign Direct Investment and Debt Financing in Emerging Economies [J]. Journal of Money, Credit and Banking, 2020, 52 (4).

[34] Regina Asantewaa Aboagye, Kingsley Opoku Appiah. Capital structure and shareholders'value [J]. EuroMed J. of Management, 2019, 3 (1).

[35] Rene Belderbos, Marcelina Grabowska, Bart Leten, Stijn Kelchtermans, Nazlihan Ugur. On the Use of Computer – Aided Text Analysis in International Business Research [J]. Global Strategy Journal, 2017, 7 (3).

[36] Rubi Ahmad, Oyebola Fatima Etudaiye – Muhtar. Dynamic Model of Optimal Capital Structure: Evidence from Nigerian Listed Firms [J]. Global Business Review, 2017, 18 (3).

[37] Sandra M. Forsythe. Effect of Clothing on Perception of Masculine and Feminine Managerial Traits [J]. Perceptual and Motor Skills, 1987, 65 (2).

[38] Sanna Tervo, Annukka Jokipii. The value of a voluntary audit in debt financing: evidence from small privately held companies [J]. Int. J. of Accounting, Auditing and Performance Evaluation, 2018, 14 (4).

[39] Shahid N. Bhuian, Hamed M. Shamma, Maha Mourad, Ahmed H. Tolba. Managerial traits, market orientation and organisational performance: an empirical examination in a Middle Eastern context [J]. Int. J. of Economics and Business Research, 2013, 6 (1).

[40] Shahid N. Bhuian, Orlando C. Richard, Hamed M. Shamma. Entrepreneurial orientation and organisational performance: the role of managerial traits [J]. J. for International Business and Entrepreneurship Development, 2012, 6 (3/4).

[41] Strike Mbulawa, Nathan F. Okurut, Mogale Ntsosa, Narain Sinha. Optimal Capital Structure and Speed of Adjustment under Hyperinflation and Dollarization [J]. Global Journal of Emerging Market Economies, 2020, 12 (2).

[42] Supa Tongkong. Key factors influencing capital structure decision and its speed of adjustment of Thai listed real estate companies [J]. Procedia – Social and Behavioral Sciences, 2012, 40.

[43] Svante Andersson, Joakim Tell. The relationship between the manager and growth in small firms [J]. Journal of Small Business and Enterprise Development, 2009, 16 (4).

[44] TITO CORDELLA, LUCA ANTONIO RICCI, MARTA RUIZ – ARRANZ. Debt Overhang or Debt Irrelevance? [J]. IMF Staff Papers, 2010, 57 (1).

[45] ULRIKE MALMENDIER, GEOFFREY TATE, JON YAN. Overconfidence and Early – Life Experiences: The Effect of Managerial Traits on Corporate Financial Policies [J]. The Journal of Finance, 2011, 66 (5).

[46] Usman Ali, David Hirshleifer. Opportunism as a firm and managerial trait: Predicting insider trading profits and misconduct [J]. Journal of Financial Economics, 2017, 126 (3).

[47] Wei Ye, Yong Zhang. CEO traits, dynamic compensation and capital structure [J]. PLOS ONE, 2019, 14 (2).

[48] Wu Haowen, Liu Yutong. An Empirical Research of the Relationship between Earnings Management and Debt Financing [A].

大连理工大学．第八届（2016）金融风险与公司金融国际研讨会论文集［C］．大连理工大学：大连理工大学管理与经济学部经济学院，2016：7.

［49］Wu. Debt financing structure, ownership concentration and firm performance: a comparison of the listed state – owned and non – state – owned CMNEs［J］. Journal of Chinese Economic and Business Studies, 2019, 17（2）.

［50］Xuan Zhang, Jing Feng. Research on the Impact of Innovation Investment on the Performance of Chinese High – tech Enterprises – Regulatory Effect based on Debt Financing［J］. Journal of Innovation and Social Science Research, 2020, 7（2）.

［51］Yiqiu Wen. Research on Debt Financing Influencing Factors of China Shipping Supply Chain Enterprises［A］. Wuhan Zhicheng Times Cultural Development Co., Ltd. Proceedings of 2018 International Conference on Management and Education, Humanities and Social Sciences（MEHSS 2018）［C］. Wuhan Zhicheng Times Cultural Development Co., Ltd：武汉志诚时代文化发展有限公司，2018：7.

［52］Yongkang Wu. A Study on the Relationship between Debt Financing Structure and Income Stability of China's Tourism Listing Companies［J］. IOP Conference Series: Materials Science and Engineering, 2018, 394（4）.

［53］Youngsoo Ra. Capital Structure and Risk Preferences［J］. Asia Pacific Journal of Management Research and Innovation, 2017, 12（3 – 4）.

［54］曹玉贵，肖超栏．高管团队背景特征与企业债务融资关系研究［J］．财会通讯，2014（18）：75 – 77.

［55］陈飘飘．上市公司管理者特质、负债融资与企业价值的实证研究［D］．沈阳：沈阳工业大学，2018.

[56] 陈伟宏，钟熙，宋铁波 . TMT 异质性、期望落差与企业冒险变革行为 [J]. 科学学与科学技术管理，2018，39 (1)：84 – 97.

[57] 陈晓，单鑫 . 债务融资是否会增加上市企业的融资成本？[J]. 经济研究，1999 (9)：3 – 5.

[58] 陈咏英，胡阳 . 旅游上市公司负债融资水平对公司绩效的影响——兼与国外企业比较 [J]. 财会通讯，2019 (5)：31 – 35.

[59] 冯雪艳 . 管理者特质对社会责任与企业价值关系的影响研究 [D]. 石家庄：河北经贸大学，2018.

[60] 葛永波，陈磊，刘立安 . 管理者风格：企业主动选择还是管理者随性施予？——基于中国上市公司投融资决策的证据 [J]. 金融研究，2016 (4)：190 – 206.

[61] 郭桂华，赵倩倩 . 管理者特质、负债融资与企业过度投资行为研究 [J]. 中国注册会计师，2017 (6)：48 – 54，3.

[62] 郭权军 . 辽宁上市公司资本结构与企业价值相关性研究 [J]. 合作经济与科技，2013 (15)：16 – 17.

[63] 郭雪萌，梁彭，解子睿 . 高管薪酬激励、资本结构动态调整与企业绩效 [J]. 山西财经大学学报，2019，41 (4)：78 – 91.

[64] 何威风 . 管理者异质性视角下企业盈余管理行为研究 [J]. 经济与管理研究，2012 (8)：109 – 114.

[65] 何瑛，张大伟 . 管理者特质、负债融资与企业价值 [J]. 会计研究，2015 (8)：65 – 72，97.

[66] 贺小刚 . 企业家能力与企业成长：一个能力理论的拓展模型 [J]. 科技进步与对策，2006 (9)：45 – 48.

[67] 黄旭，徐朝霞，李卫民 . 中国上市公司高管背景特征对企业并购行为的影响研究 [J]. 宏观经济研究，2013 (10)：67 –

73，113.

[68] 江金锁．公司治理、负债融资政策与企业价值［J］．财务与金融，2016（1）：65－73.

[69] 江伟，胡玉明．企业成本费用粘性：文献回顾与展望［J］．会计研究，2011（9）：74－79.

[70] 姜付秀，黄继承．CEO财务经历与资本结构决策［J］．会计研究，2013（5）：27－34，95.

[71] 姜付秀，黄继承．经理激励、负债与企业价值［J］．经济研究，2011，46（5）：46－60.

[72] 姜付秀，伊志宏，苏飞，等．管理者背景特征与企业过度投资行为［J］．管理世界，2009（1）：130－139.

[73] 金静，汪燕敏．产权性质、负债融资与企业价值［J］．中国注册会计师，2017（7）：52－56.

[74] 李海燕．管理者特质、技术创新与企业价值［J］．经济问题，2017（6）：91－97.

[75] 李佳佳．管理者特征、企业投资与企业价值［D］．厦门：厦门大学，2018.

[76] 李洋．高管背景与企业债务融资关系研究［D］．济南：山东大学，2015.

[77] 李玉华，叶明，许硕磊．西藏上市公司财务杠杆对企业价值的影响研究［J］．西藏大学学报（社会科学版），2016，31（2）：112－119.

[78] 梁巧转，孟瑶，李树祥，等．关于中国管理者特质十年（1998—2008年）变化的研究［J］．管理学报，2013，10（6）：796－801，830.

[79] 刘元秀．管理者特质与公司资本结构决策关系研究［D］．南昌：江西财经大学，2016.

[80] 马娟．公司融资选择与最优资本结构安排目标模式——

基于静态权衡理论的研究［J］. 财会通讯，2013（6）：78－80.

［81］孟俊龙. 管理者早期参军经历与公司政策［D］. 厦门：厦门大学，2014.

［82］那诚诚. 管理者特质与企业价值之间的关系研究——基于2000—2018年航空运输业上市公司的实证分析［J］. 现代商贸工业，2020，41（22）：65－67.

［83］彭祚龙. 负债融资对企业价值的影响分析［J］. 时代经贸，2018（16）：91－93.

［84］钱旻雯. 管理者特质对企业债务融资成本的影响研究［D］. 南京：南京财经大学，2018.

［85］任中华. 基于不同产权性质下债务融资对公司绩效影响研究［D］. 重庆：西南大学，2016.

［86］石祐存. 市场竞争、负债融资对企业价值的影响研究［D］. 郑州：郑州大学，2018.

［87］王语涵，李玉菊. 企业价值计量方法的比较分析［J］. 现代商业，2021（25）：175－177.

［88］吴梦云，张林荣. 高管团队特质、环境责任及企业价值研究［J］. 华东经济管理，2018，32（2）：122－129.

［89］向龑军. 中国上市公司资本结构动态调整路径研究［D］. 武汉：中南财经政法大学，2018.

［90］邢楠. 债务融资与企业价值的实证分析——基于创业板上市公司的经验数据［J］. 现代营销（下旬刊），2014（6）：10.

［91］张大伟. 管理者特质、负债融资与企业价值研究［D］. 北京：北京邮电大学，2015.

［92］张弘毅，杨枭楠，陈省宏. 交通运输行业上市公司融资结构、投资决策对企业价值的影响［J］. 财经界（学术版），2020（18）：78－79.

［93］张慧，张茂德. 债务结构、企业绩效与上市公司治理问

题的实证研究［J］. 改革，2003（5）：77－81.

［94］张婷婷. 区域文化、管理者特质与企业财务行为［D］. 北京：对外经济贸易大学，2017.

［95］张忆南. 我国创业板上市公司资本结构与企业价值相关性研究［D］. 北京：中国地质大学（北京），2015.

［96］张兆国，张庆. 我国上市公司资本结构治理效应的实证分析［J］. 管理世界，2006（3）：140－141.

［97］赵燕. 资本结构对企业价值影响实证研究——基于肇庆市与广东省上市公司数据的对比分析［J］. 对外经贸，2019（2）：121－125，160.

［98］赵云，李茂华. 负债融资与企业价值研究［J］. 新西部（理论版），2014（1）：37－38.

［99］郑慧开，谢赤，郑竹青. 房地产上市公司融资结构优化研究——基于融资结构与企业价值互动关系的视角［J］. 湖南大学学报（社会科学版），2015，29（5）：78－84.

［100］朱佳俊，周方召. 市场份额、负债融资与企业价值——基于中国房地产上市公司的实证研究［J］. 技术经济，2017，36（1）：117－122.

［101］朱佳俊，周方召. 市场竞争与负债融资的替代效应研究——基于中国房地产上市公司数据的实证检验［J］. 会计之友，2017（19）：68－72.

［102］张慧红. 最优资本结构的确定方法研究［J］. 全国流通经济，2018（1）：46－48.

［103］朱永明，石祐存. 市场竞争、负债融资与企业价值［J］. 财会通讯，2018（24）：62－65.

［104］여환영, 박영규, 주효근. Fund manager's Characteristics and Investment Behavior: The Effect of Individual Characteristics on the P erformance Persistency, Investment Style and Risk［J］.

한국증권학회지, 2017, 46 (2).

[105] 오현탁, 김정환, 김병용, 박지훈. An Evidence on the Corporate Value and the Capital Structure Model of Chaebol in Korea [J]. 산업경제연구, 2019, 32 (4).